Renate Göckel
Brave Mädchen holt der Wolf

Renate Göckel

Brave Mädchen holt der Wolf

Schluss mit der weiblichen Selbstverleugnung

Kreuz

Inhalt

Vorwort 9

Einleitung 11

Teil I: Fünf Gesichter des »Zu-nett-Seins« 15

1. Selbstverleugnung 16

Sich ducken und schlucken 16

»Du machst es dir zu leicht« 20

2. Vertrackte Loyalitäten 25

Ich falle dir nicht in den Rücken 25

Früh übt sich 28

»Stell dich nicht so an!« 31

3. Grenzenlosigkeit 34

»Ich bin doch nicht kleinlich, oder?« 34

Grenzenlos nett 37

»Sei für mich verfügbar« 40

Ordnung ist das halbe Leben 44

Ohne Schutz und Raum 45

»Du bist meine beste Freundin« 49

4. Hilflosigkeit und Ohnmacht 52

»Da ist doch nichts zu machen« 52

Erlernte Hilflosigkeit 55

»Laß dir nicht die Butter vom Brot klauen« 57

Die anderen sind alle besser 60

Warten und schnell aufgeben 63

Hilflosigkeit, Ohnmacht und Co-Abhängigkeit 65

5. Wohlverhalten 71
»Sei doch wieder gut!« 71
Die Tyrannen besänftigen 73
Aus Angst vor Strafe 76
Der Horror frisst sich ins Gehirn 77
»Nur« Schüchternheit? 80
Für immer verkracht 83
Die Groll-Schuldgefühl-Falle 85

Teil II: Vom Sinn des »Nettseins« 93
1. Die zehn Gebote des Nettseins 94
1. Gebot: Du sollst immer freundlich sein 94
2. Gebot: Du sollst nichts für dich fordern 95
3. Gebot: Du sollst nicht auffallen 96
4. Gebot: Du sollst immer verfügbar sein 97
5. Gebot: Du sollst immer berechenbar sein 98
6. Gebot: Du sollst für alle Verständnis haben 99
7. Gebot: Du sollst dich nicht wehren 100
8. Gebot: Du sollst es dir nicht leicht machen 102
9. Gebot: Du sollst alles perfekt machen 103
10. Gebot: Du sollst nicht zu mächtig sein 104
Fazit: »Mach uns keine Schande« 106

2. Eine heile Familie ... mit Altlasten 109
Die ideale Tochter: Hilfsbereit und pflegeleicht 109
Du sollst es einmal besser haben 113
Der solide Schwiegersohn 116
Bescheiden, sittsam und rein 117
Mutters Trennungsangst 119
Ablösen verboten! 120
»Ich hab's doch nur gut gemeint« 124
Die zehn Gebote der ewigen Symbiose 126
»Liebesbeweise« 130
Dürfen Frauen klammern? 132
Denken verboten! 135
Der gekochte Frosch 136

Teil III: Schluss mit dem »Nettsein« 139
1. Allmählich erwachsen werden 140
Die Eltern im Gepäck 140
Verjährte Aufträge 142
Wie viele Tasten hat ein Klavier? 145
Selbstverständlichkeiten? 146
Kampf dem Perfektionismus 149
Heimliche Investitionen abbauen 152
Das verachtete Kind ausbuddeln 155
Verantwortung lassen, wo sie hingehört 158
Nicht mehr auf Wunder hoffen 159
Probleme tatkräftig anpacken 161
Eigene Ziele entwickeln 162

2. Sich schützen lernen 164
... vor Übergriffen 164
... vor dem zu schnellen Nachgeben 167
... vor der eigenen Leichtgläubigkeit 170
... vor der Verleugnung der eigenen Gefühle 172
An den zerbrochenen Stellen stark werden 175

3. Sich ausdehnen lernen 177
Den Ballon langsam aufblasen 177
Pippi Langstrumpf hat es 178
Optimismus macht stark 180
Vom »Glasglockengefühl« zu neuer Lebendigkeit 183
»Un-verschämt-heiten« 185
Raus aus dem Schmuddelleben 187
Feigheit oder emotionale Intelligenz? 190

Anmerkungen 193
Literatur 195

Vorwort

»Stimmt ja gar nicht«, sagte eine Freundin, als ich ihr den Titel meines neuen Buches verriet. »Rotkäppchen war ja gerade *nicht* brav, deshalb ging es ja vom Weg ab, obwohl es der Mutter versprochen hatte, ihre Anweisungen zu befolgen. Und deshalb wurde es auch vom Wolf gefressen.« Aha.

Aber Rotkäppchen war doch brav, denn es gehorchte den anderen und hörte nicht auf die eigenen Instinkte. Besonders gut gehorchte es, wenn diese anderen noch einen Tadel anklingen ließen. Die Mutter: »… so geh nicht vom Weg ab, sonst fällst du und zerbrichst das Glas und die Großmutter hat nichts. Und wenn du in ihre Stube kommst, dann vergiss nicht, guten Morgen zu sagen, und guck nicht erst in allen Ecken herum«[1], heißt es im Märchen der Gebrüder Grimm. Der Wolf: »Rotkäppchen, sieh mal die schönen Blumen, die überall stehen, warum guckst du dich nicht um? … Du gehst ja so dahin, als wenn du zur Schule gingst, und es ist doch so lustig draußen im Wald.«

Rotkäppchen will es recht machen, der Mutter und dem Wolf. Als es in die Kammer der Großmutter tritt, wo der Wolf in Großmutters Bett liegt, signalisieren seine Instinkte ganz klar Gefahr: »Ei mein Gott, wie ängstlich wird mir's heut zumute und ich bin doch sonst so gern bei der Großmutter.« Anstatt sofort seine Haut zu retten, bleibt Rotkäppchen aber im Zimmer und fragt nett: »Großmutter, warum hast du so große Ohren …«

Es ist kein Zufall, dass Rotkäppchen ein Mädchen ist. Rotkäppchens Verhalten ist den meisten Frauen wohl bekannt. Es ist eine Mischung aus freundlichem Lächeln, Entgegenkommen, Unterwürfigkeit, Wohlverhalten und Selbstverleugnung. Diese Mischung, die ich »Zu-nett-Sein« genannt habe, fällt zunächst sehr angenehm auf.

Mit der Zeit fällt dann aber auf, dass das »Zu-nett-Sein« tiefe Löcher in das Leben der Frauen frisst. Viele verkaufen ihre Seele, um Zustände aufrechtzuerhalten, die ihrer nicht würdig sind. Überall trifft man »zu nette« Frauen, im Laden, in der Bahn und im Urlaub. Keine ist dagegen gefeit. Oder doch? Spezifische Literatur zur weiblichen Selbstverleugnung gibt es wenig.

Ich habe daher viele Beispiele gesammelt, in denen zahlreiche Frauen sich wieder erkennen werden. Nur was man erkennt und benennen kann, kann man auch verändern. Dabei soll dieses Buch helfen.

Ein saftiges Dankeschön geht an

- alle Klientinnen und die anderen Frauen, die Beispiele aus ihrem Leben beigesteuert haben,
- an die Frauen, die den ausführlichen Fragebogen zum »Zu-nett-Sein« ausgefüllt haben,
- an die Frauengruppe aus Hameln, die sich spontan als »Versuchskaninchen« zur Verfügung gestellt hat,
- meine Freundin Henriette Köhler, weil sie in der heißen Endphase des Schreibens meinen Sohn drei Tage lang mit Krötenfangen ablenkte (sie wurden wieder freigelassen),
- meine Freundin Ulla Hofmann-Credner für anregende Diskussionen und die anrührende Geschichte vom Heiligenbild,
- meinen Lebensgefährten Dr. Peter Kleesz, der mir in den Schreibphasen oft den Rücken frei hielt, unseren Sohn beschäftigte und mir zum diffizilen Thema Selbstverleugnung etc. den männlichen Standpunkt beibrachte,
- meinen Sohn Matthias für sein Verständnis. Er musste eine Zeit lang viel auf mich verzichten,
- meine Lektorin Dr. Christine Flitner für ihre Ermutigung und ihren standhaften Glauben an meine Bücher.

Karlsruhe, im Herbst 1997

Renate Göckel

Einleitung

Früher nannten wir dieses Phänomen »Selbstunsicherheit«. Als ich in den siebziger Jahren studierte, war Selbstunsicherheit eine psychische Störung, der man mit Selbstsicherheitstrainings beizukommen versuchte. Ein solches Training ist mir noch gut im Kopf. Man füllte zunächst einen Fragebogen aus und teilte verschiedene Verhaltensschilderungen in aggressives, selbstsicheres und selbstunsicheres Verhalten ein. Nach zehn solcher Schilderungen wusste man genau, was selbstsicheres Verhalten war: Wenn man klar, sachlich, aber bestimmt ein Anliegen vortrug. Wenn man sich nicht kirre machen, sich nicht vertrösten und sich nicht über den Tisch ziehen ließ. Man blieb bei seiner Aussage und hatte Erfolg. Dies galt es dann »in vivo« zu lernen. Das heißt, man musste es dann in die Tat umsetzen.

Einmal mussten wir üben, auf der Straße jemanden anzusprechen, nach der Uhrzeit zu fragen und dabei »selbstsicher« zu bleiben. Dies hieß ganz konkret, dass wir nicht sagen durften: »Ach, entschuldigen Sie, können Sie mir sagen, wie spät es ist?«, sondern die Entschuldigung weglassen mussten. Wo keine Schuld ist, gibt es auch nichts zu entschuldigen.

Und schon hatten wir uns »selbstsicher« verhalten. So einfach war das.

Man glaubte damals wirklich, dass jemand, der sich selbstsicher *verhält*, auch selbstsicher *ist*.

Im Laufe der Jahre merkte ich wie viele meiner Kollegen, dass ein oberflächliches Training dem Phänomen der Selbstunsicherheit nicht beikommt. Klar, man kann mit »selbstsicherem« Auftreten in bestimmten Situationen mehr erreichen als mit aggressivem oder selbstunsicherem Verhalten.

Man machte ein Selbstsicherheitstraining von zehn Sitzungen und jeder Teilnehmer konnte sich hinterher ohne zu zittern sein Essen bestellen oder seinem Vermieter sagen, er solle die Heizung höher stellen, da es sonst Mietabzug gebe. Dann klopfte sich der Psychologe auf die Schulter und freute sich über den erfolgreichen Abschluss des Trainings.

Später traf man dann zufällig in der Stadt einen ehemaligen Teilnehmer. Hatte er sich auf lange Sicht besser durchgesetzt? Konnte er sich endlich von seiner Frau trennen? Hatte er endlich den Arbeitsplatz gewechselt? Hatte er endlich sein Traumhobby begonnen? Nein.

Ein paarmal hat er es noch geschafft, »selbstsicher« aufzutreten. Dann war die »Selbstsicherheit« eingeschlafen und nur noch ab und zu aufgewacht, wenn er »gut drauf« war. Er verstand es ja selbst nicht. Es war halt so.

Und dann wechselten Psychologe und Exteilnehmer ganz schnell das Thema. War es das Training, das nichts taugte, oder war der Teilnehmer zu »inkonsequent«? Hat es der Psychologe nicht richtig »rübergebracht«? War es von allem ein bisschen? Bei beiden bleibt ein schales Gefühl zurück. Warum? Ein kurzes »Training« kann dem Phänomen der Selbstunsicherheit nicht gerecht werden. Mit dem Erlernen von »selbstsicherem Auftreten« werden die komplexen Gefühle und Gedanken, die zur »Selbstunsicherheit« gehören, nicht erreicht.

Als ich später mit essgestörten Frauen arbeitete, fiel mir ein Phänomen auf, das sich hartnäckiger hielt als die Essstörung: *Ein zwanghaftes Eingehen auf die Ansprüche anderer, gekoppelt mit einem Mangel an »Egoismus«.* Ich nenne dieses Syndrom »Zu-nett-Sein«, weil sich das Phänomen zuerst als ein nettes, freundliches, hilfsbereites Verhalten zeigt.

»Und wo ist das Problem?« werden Sie fragen. Dort, wo dieses »nette« Verhalten zwanghaft wird.

Das »Nettsein« hat wie jede Medaille zwei Seiten: Die eine Seite ist eine übergroße Einfühlsamkeit in die Gefühle anderer und die *zwanghafte* Erfüllung von deren Bedürfnissen. Die andere Seite ist eine *mangelnde* Einfühlung in eigene Bedürfnisse, gekoppelt mit starken Schuldgefühlen, wenn eigene Bedürfnisse und Wünsche doch einmal befriedigt werden.

Vielleicht erahnen Sie dieses Phänomen, weil Ihnen gleich ein paar eigene Verhaltensweisen einfallen? Sind Sie zu gutmütig, zu nachgiebig, zu schüchtern, zu weich? Lassen Sie sich zu viel gefallen? Dann sind Sie auf der richtigen Spur.

Viele der Situationsschilderungen aus dem nächsten Kapitel diskutierte ich mit Klientinnen, Freundinnen und deren Männern.

Männer sahen das zu nette Verhalten eher als *Dummheit* an. Wenn man näher hinsah, wurde klar, dass auch sie ab und zu zu nett waren, »um des lieben Friedens willen«.

Es war ihnen aber immer *bewusst*, dass sie nachgaben, um etwas zu erreichen. Logisch, sonst hätten sie es ja nicht erzählen können. Den zu netten Frauen aber war ihr Zu-nett-Sein anfangs nur ganz vage bewusst. Mit der Zeit stellten sie in der Therapie mit Erschrecken fest, wie allumfassend und festgewachsen die Verhaltensweisen des Nettseins waren. Sie reichten bis tief in die Kindheit und erstreckten sich bis hinein in banale Gesten der Gegenwart. Ich beschloss, dieses Phänomen mit einem Fragebogen zu erfassen. Zwanzig »zu nette« Frauen waren bereit, ihre Erziehungsmuster, die Wertvorstellungen ihrer Eltern, verachtete und geachtete Frauenbilder ihrer Familien, ihr Wohlverhalten in der Familie, ihre Beschwichtigungsverhaltensweisen im täglichen Leben und ihre Ängste preiszugeben. Diese Ministudie erhebt keinen Anspruch auf wissenschaftliche Absicherung, sondern zeigt Tendenzen auf, die Sie, liebe Leserin, bei sich selbst nachvollziehen können. Ich möchte konkret sichtbar machen, wie sich das »Nettsein« oder »Zu-nett-Sein« oder Bravsein oder wie immer man es bezeichnen will durch das Leben so vieler Frauen zieht. Wir schauen uns die Ursachen an, denn »zu nettes« Verhalten beginnt schon früh.

Zu nette Frauen sind sensible und intelligente Frauen, die als Kinder schnell kapiert haben, wie man in ihrer Herkunftsfamilie psychisch überleben konnte. Es sind »begabte Kinder« im Sinne von Alice Miller, deren gutes Einfühlungsvermögen ihnen eine mächtige Rolle in der Familie einbrachte – wenn sie ihre Fähigkeiten *für andere* einsetzten. *Sich selbst* haben sie dabei aus den Augen verloren. Das ursprünglich positive Nettsein wurde zum Zwang und damit immer mehr zum Alptraum.

Das Lernziel dieses Buches heißt: Erwachen aus dem Alptraum. Die Zwänge erkennen, ergründen und Wahlmöglichkeiten öffnen. Mich selbst (wieder) in den Vordergrund stellen. Wenn dabei nur diese verflixten Schuldgefühle nicht wären …

Teil I

Fünf Gesichter des »Zu-nett-Seins«

1. Selbstverleugnung

Sich ducken und schlucken

Neulich fiel es mir wieder auf. Vor der Flaschenabgabe im Supermarkt stand eine Mittfünfzigerin und wartete. Die Verkäuferin, zu deren Aufgabe die Flaschen gehörten, bediente gerade am Käsestand. Ich stellte mich hinter die Frau, die bereits wartete. Und wartete auch. Seelenruhig bediente die Verkäuferin an der Käsetheke weiter. Und dort kamen immer wieder neue Kunden nach, die dann auch prompt bedient wurden. Allmählich wurde ich unruhig. Nun fragte ich die Frau vor mir, wie lange sie denn schon warte. »Mindestens zehn Minuten. Nachmittags ist es hier immer dasselbe. Die sind einfach unterbesetzt.« Auch sie war offensichtlich genervt. Schweigend standen wir noch einmal zwei Minuten. Dann wurde es mir zu dumm. »Haben Sie uns vergessen?« rief ich so freundlich wie (noch) möglich der Verkäuferin zu. Diese bekam einen knallroten Kopf und sagte: »Ich komme gleich.« Tatsächlich kam sie auch in kürzester Zeit. Die Frau vor mir streckte ihr die Flaschen entgegen und meinte verschämt: »So eilig wäre es nun auch wieder nicht gewesen.« Ich sagte nichts und dachte mir meinen Teil. Als die Frau ihre Flaschen abgegeben hatte, ging sie an mir vorbei und sagte: »Na ja, warten muss man können. Ich habe es gelernt.«

Was mir auffiel? Einmal, dass Frauen oft viel zu lange warten und untätig zusehen. Zweitens, dass sie es nicht schaffen, etwas für sich zu fordern. Wenn sie für ihre Kinder etwas fordern müssen, schaffen sie dies noch eher. Aber sie wollen nur ja nicht egoistisch erscheinen. Drittens, dass es ihnen oft peinlich ist, wenn eine andere Frau so »unverschämt« ist. Viertens, dass Frauen noch harmonisieren und beschwichtigen, auch wenn eigentlich ein ganz anderes Verhalten angemessen wäre. Und fünftens und schlimmstens, dass es vielen Frauen gar nicht bewusst ist, wie oft sie sich ducken und schlucken. Sie beugen sich dann »Sachzwängen« oder machen Dinge den anderen »zuliebe«. Oder sie »stellen sich nicht so an«.

Wenn man das zehnmal am Tag macht, braut sich im Bauch eine eigenartige Gefühlsmischung zusammen: Unruhe, Gier, Wut, Groll, das Gefühl, zu kurz zu kommen, Ohnmacht, Neid und noch mehr.

Aber schauen wir uns erst einmal weitere Beispiele an, um das Phänomen des »Nettseins«, des Duckens und Schluckens in seinem Ausmaß besser zu erfassen.

»Manchmal ist es im Hörsaal so heiß und stickig, dass ich am liebsten ein Fenster öffnen würde. Ich kann es aber nicht, weil ich mich vor dem Moment fürchte, wo aller Augen auf mich gerichtet sind.«

»Vormittags, wenn meine Kinder in der Schule sind, könnte ich ja endlich etwas für mich tun«, sagte mir eine akademisch vorgebildete Hausfrau. »Ich könnte die Bücher lesen, die ich mir gekauft habe, meine geliebten Quilts nähen und endlich meine angefangene Kurzgeschichte zu Ende schreiben. Aber ich tue nichts. Ich fange dann an, planlos herumzuputzen, rufe eine Freundin an und ich fange an zu essen. Manchmal lese ich auch noch die Zeitung chaotisch von hinten nach vorne. Dann ist es ruck, zuck elf Uhr und ich muss anfangen zu kochen. Zu meinen eigenen Arbeiten komme ich dann natürlich für den Rest des Tages nicht mehr. Irgendetwas anderes ist immer viel wichtiger. Ich verstehe einfach nicht, warum ich morgens nichts machen kann. Es ist wie ein inneres Verbot.«

»Bis vor kurzem holte ich meine Arzttermine immer persönlich beim Arzt ab. Auf die Idee, dort einfach anzurufen, brachte mich erst neulich eine Freundin. Irgendwie durfte ich es mir nicht so leicht machen.«

»Wenn ich mit anderen Leuten zusammen koche, dann frage ich ständig, ob es so »richtig« ist. Irgendwann bin ich so unsicher, dass ich nicht einmal mehr die Tomaten schneiden kann. Sogar da frage ich noch die anderen: Scheiben oder Schnitze? Wenn ich alleine koche, bin ich nie unsicher.«

»Wenn ich beim Friseur bin und dort eine Zeitschrift lese,

lege ich diese weg, wenn der Friseur sich mit mir unterhalten will. Nur wenn er zwischendurch mal weggeht, lese ich weiter. Einmal sagte der Friseur sogar, ich dürfe ruhig weiterlesen. Da fühlte ich mich ertappt und schämte mich.«

»Meine kleine Tochter warf neulich aus Wut einen Teddybären nach mir. Ich hätte leicht ausweichen können, aber ich tat es nicht. Ich glaube, ich wollte getroffen werden. Es war so, als stünde ich nicht auf meiner Seite, sondern auf der Seite meiner Tochter.«

»Ich war unterwegs, um ein paar Runden um den Block zu joggen. Da treffe ich eine Nachbarin mit dem Auto. Sie bietet mir an, mich im Auto nach Hause mitzunehmen. Eigentlich wollte ich noch nicht nach Hause. Aber ich nehme das Angebot an und tue so, als ob ich mich darüber freue. Oder habe ich doch nach Hause gewollt?«

»Als ich in der Straßenbahn sitze und mir meine eben abgeholten Urlaubsfotos ansehe, merke ich, wie mir ein Mann über die Schulter schaut. Ich bekomme kurz ein unangenehmes Gefühl und dann drehe ich die Fotos so, dass er noch bessere Sicht hat. Es sollte aber ganz zufällig aussehen.«

»Am Arbeitsplatz gibt es einen Kollegen, der mich immer, wenn es keiner sieht, an den Po fasst. Ich tue dann so, als würde ich nichts merken.«

»Ich wollte mich in dem Laden eigentlich nur umschauen. Aber die Verkäuferin war so nett, dass ich sie nicht enttäuschen wollte. So kaufte ich halt eine Kleinigkeit.«

»Bei uns im Haus gibt es eine sehr tyrannische Nachbarin. Diese lauert mir jedes Mal auf und behauptet, ich mache die Haustüre zu laut zu. Obwohl ich die Türe so leise schließe wie möglich, schimpft sie. Ich habe schon richtig Angst vor ihr.«

»Seit drei Monaten wohne ich nun schon in meinem neuen Zimmer«, sagt eine Studentin, »aber ich kann das Zimmer nicht richtig in Besitz nehmen. Ich darf meine Sachen nicht ausbreiten und die Beine aufs Sofa nehmen kann ich auch nicht. Ich sitze da wie im Hotelzimmer.«

»Wenn mein Chef hinter mir am Computer steht, fange ich immer gleich an, mich zu rechtfertigen oder zu erklären, was ich gerade mache und warum. Meine Kollegen machen das nicht. Sie arbeiten ruhig weiter, und wenn der Chef eine dumme Bemerkung macht, dann drücken sie einen flotten Spruch ab.«

»Wenn ich meine Mutter besuche und bei ihr in der Wohnung eine neue Pflanze oder eine andere Kleinigkeit bewundere, dann fragt sie mich fast immer, ob ich sie haben will. Das macht mich aggressiv. Meine Mutter kann nichts für sich behalten, wenn jemand anders dasselbe auch nur von weitem begehren könnte.«

»Immer wenn jemand anders eine andere Meinung hat als ich und diese mir gegenüber lautstark vertritt, werde ich so verunsichert, dass ich dann auch glaube, dass der andere Recht hat.«

»Wenn ich abends nach Hause komme von der Arbeit, dann setze ich mich hin und warte, bis mein Freund nach Hause kommt. Das sind dann noch ein bis zwei Stunden. In dieser Zeit könnte ich etwas Sinnvolles machen. Aber das schaffe ich nicht. Ich kann dann nur fernsehen oder essen.«

»Mein großer Sohn sitzt im Sessel und sieht fern. Ich gehe einkaufen. Ich frage dann, ob ich ihm eine bestimmte Wurst mitbringen soll. Keine Antwort. Ich frage, ob ich ihm seine Sportzeitung mitbringen soll. Zustimmendes Brummen. Ich frage, ob er Fanta oder Cola will. Warum schicke ich ihn nicht einfach selbst los?«

»Wenn ich Besuch habe, dann setze ich alles daran, dass sich die Gäste gut unterhalten. Wenn ich das Gefühl habe, dass sich jemand langweilt, dann bekomme ich sofort ein schlechtes Gewissen.«

»Jedes Mal, wenn sich meine Eltern zu Besuch anmelden, putze ich das ganze Haus. Sie sollen sehen, dass ich eine gute Hausfrau bin.«

Wir alle kennen Situationen, in denen wir besonders höflich, nett und zuvorkommend sind. Oft sind dies Situationen, in denen wir einen guten Eindruck machen möchten oder unsicher sind.

In einem wichtigen Vorstellungsgespräch versuchen wir unsere beste Seite zu zeigen oder das, was wir dafür halten. Das ist ganz normal.

Wir haben das Nettsein als Verhaltensmuster zur Verfügung. Nach dem Vorstellungsgespräch können wir dieses »Zweck-Nettsein« wieder ablegen. Es ist unsere soziale Fassade. Und wir wissen das.

Anders bei zu netten Menschen. Sie können ihr »Zu-nett-Sein« nicht einfach an- und abschalten, sondern es tritt sofort und automatisch auf, wenn ein anderer Mensch den Raum betritt. Besonders dann, wenn dieser Mensch ein Fremder ist, der nicht zur Familie gehört.

Die eigenen, echten Gefühle werden dann verleugnet, unterdrückt oder überhaupt nicht mehr gespürt.

Sie werden verraten.

»Nettsein« besteht aus einer Vielzahl von Erscheinungsformen: Verleugnung von eigenen Gefühlen und Impulsen, der eigenen Bedürfnisse. Es umfasst Ohnmacht, Selbstunterdrückung, Schüchternheit, Überanpassung an soziale Normen, übersteigertes Einfühlungsvermögen. Die Unfähigkeit, jemanden zu enttäuschen, überstarke Schuldgefühle, die Hemmung, sich zu entfalten. Dieses Phänomen des »Zu-nett-Seins« habe ich nicht nur viele Jahre bei meinen essgestörten Klientinnen beobachtet, sondern bei allen Frauen. Auch bei mir und meinen Freundinnen.

Wir werden noch sehen, dass es seine Gründe hat, dass es bei Frauen viel häufiger auftritt als bei Männern.

»Du machst es dir zu leicht«

Das »Nettigkeits-Syndrom« ist meist gut getarnt. Den Frauen, die an Essstörungen leiden, fällt es überhaupt erst dann auf, wenn wir die Auslöser für Essanfälle mit speziellen Übungen nochmals erfühlen.

Ein Beispiel soll es klarer zeigen.

Maria berichtete, dass sie am Sonntagabend einen starken Essanfall hatte. Einfach nur so. Aus heiterem (?) Himmel sozusagen. Ich fragte, was am Sonntag los war. Nichts Besonderes, meinte sie, wir haben Besuch gehabt und es war »eigentlich ganz nett«. Als der Besuch gegangen war, stürzte sich Maria auf den restlichen Kuchen und aß ratzeputz alles auf. Gegen ihren Willen. War es Zufall?

In der Übung spürt Maria ihrem »eigentlich ganz netten Besuch« noch einmal nach. Immer mehr spürt sie, dass der Besuch eine Pflichteinladung war. Dass ihr schon tagelang vorher vor dem damit verbundenen Hausputz graute. Dass sie keine Lust gehabt hatte, neben Haushalt, Kindern und Berufstätigkeit noch einen tollen Kuchen zu backen. Als der Besuch dann da war, war Maria müde und angespannt. Drei Stunden Smalltalk standen ihr aber noch bevor. Sie schaffte auch das noch. Kaum war der Besuch aus der Türe, brauchte Maria einen »Ausgleich« für ihr Stillhalten. Der Kuchen kam ihr da gerade recht, an ihm hielt sie sich schadlos.

Das Schlimmste für Maria war nicht die viele Arbeit gewesen. Viel anstrengender war, dass sie ihre *wahren Gefühle* nicht zulassen durfte. Sie hatte keine Lust auf Hausputz gehabt. Sie hatte keine Lust auf Kuchenbacken gehabt. Und – und das durfte sie sich sehr lange nicht eingestehen – sie mochte den Besuch nicht besonders. Das eingeladene kinderlose Ehepaar war bei Licht besehen recht kritisch, prinzipientreu und rechthaberisch. Warum war ihr das denn früher nicht aufgefallen? Weil Maria dann einen Konflikt gehabt hätte. »Wenn ich jemanden mag, dann lade ich ihn ein, wenn ich jemanden nicht mag, dann lade ich ihn auch nicht ein«, war Marias Grundsatz. Da Maria den Besuch aber einladen »musste«, musste sie ihn auch mögen. Maria strengte sich an, den Besuch zu mögen, die Vorbereitungen »gerne« zu tun und sich »zu freuen«, mit dem Besuch zu plaudern.

Warum kann es Maria sich nicht leicht machen und den Besuch ins Café einladen? Warum muss sie es sich so schwer machen?

»Weil die beiden uns auch zu sich nach Hause eingeladen haben. Und weil sie sich so viel Mühe gegeben haben«, ist Marias Antwort.

Wieder so ein Grundsatz. Wenn jemand etwas für dich tut, dann musst du es ihm auf Heller und Pfennig zurückbezahlen. Wenn nicht, stehst du in seiner Schuld. Das ist der Grund, weshalb Maria es sich nicht so einfach machen darf, ihn ins Café einzuladen. Eine solche Billiglösung »zählt« nicht richtig und die »Schuld« wäre nicht getilgt.

Aber mit Aufräumen, Putzen und Backen alleine ist es noch nicht getan. Die Selbstverleugnung fordert noch einen empfindlichen Preis. Maria soll es *gerne* tun. Stellen Sie sich vor, Sie werden eingeladen, weil sich der Gastgeber Ihnen gegenüber verpflichtet fühlt. Er (oder sie) rackert sich ab, kauft ein, räumt auf, putzt, kocht und bäckt und ist froh, wenn Sie endlich dann wieder gehen. Wie würden Sie sich als Gast fühlen, wenn Sie von diesen Gefühlen wüssten?

Maria würde sich unwillkommen fühlen. Also muss Maria alles tun, damit die Gäste nichts von ihren wahren Gefühlen erfahren. Sie versteckt ihre Gefühle so gut, dass auch sie selbst sie nicht wiederfindet. Perfekt, oder?

Anita, eine Frau, die inzwischen zumindest bemerkt, wenn sie ihre Gefühle und Bedürfnisse verleugnet, ohne dass sie es immer ändern kann, erzählte mir ein anschauliches Beispiel:

»An einem Wochenende habe ich meine Schwester besucht, die in der Nähe einer großen Stadt wohnt. Es war Samstag und meine Schwester schlug mir einen Einkaufsbummel in der Stadt vor. Ich hatte mir fest vorgenommen, keine Klamotten in fremden Städten mehr zu kaufen, da es dann mit dem Umtauschen so umständlich ist. Trotzdem ließ ich mich überreden, mich wenigstens in dem Dorf, in dem meine Schwester wohnt, in einem Bekleidungsgeschäft umzusehen. Da eine Konfirmation anstand, suchte ich im Prinzip ja schon etwas Festliches zum Anziehen. Dies wurde der Verkäuferin auch sofort von meiner Schwester auf die Nase gebunden. Ich fühlte mich gleich unwohl, denn nun fühlte ich mich verpflichtet, das Angebot zumindest mal zu prüfen. Dann probierte ich Verschiedenes an. Sowohl meine Schwester als auch die Verkäuferin schwärmten in den höchsten Tönen, wie gut mir das Kostüm doch stehe. Außerdem sei die Frühjahrsmode ja bereits ausgelesen und ich hätte Glück gehabt, dass ich noch etwas so Tolles gefunden hätte. Nun wurde ich zunehmend unsicher, ob ich noch bei meinem Grundsatz bleiben sollte.

Am Ende kaufte ich ein Kostüm mit zwei Röcken, eine Weste und eine passende Bluse. Sowohl die Kostümjacke als auch ein Rock hätten noch gekürzt werden müssen. Beim Verlassen des Geschäftes hatte ich ein ungutes Gefühl.«

Als wir in der Therapiestunde auf diese Situation eingingen, war Anita immer noch unsicher, ob der Kauf richtig war. Sie verurteilte sich wegen ihrer »Entscheidungsunfähigkeit«.

Bei näherem Hinsehen entdeckten wir hinter der Entscheidungsunfähigkeit eine massive Hemmung, zu sich und ihrem Grundsatz (in einer fremden Stadt keine Kleider zu kaufen) zu stehen.

Anita befürchtete, dass ihre Schwester und die Verkäuferin ihre Zeit mit ihr vergeudet hätten, wenn sie nichts kaufte. Sie wollte die beiden nicht enttäuschen. Sie fühlte auch keinerlei Wut auf die beiden, die Anita ja stark beeinflußt (»beraten«) hatten. Anita spürte nur Wut auf sich selbst. Als die Schwester dann doch spürte, dass etwas nicht ganz in Ordnung war, fragte sie Anita: »Habe ich dich denn nun zu etwas gedrängt?« Anita wollte ihrer Schwester keine Schuldgefühle machen und verneinte. Wieder zu Hause wunderte sich Anita, weshalb sie das Kürzen von Rock und Jacke immer wieder hinausschob.

Sie machte sich deshalb bittere Selbstvorwürfe. War es Faulheit, Lethargie, Vergesslichkeit?

Nein. Der Kauf war ein Fehlkauf. Als Anita sich dies eingestand, war alles schnell geregelt. Sie schickte sämtliche Klamotten erleichtert an das Modehaus zurück.

Erst als sie die Wut auf ihre Schwester und auf die Verkäuferin spüren durfte, gelang es ihr, ihre Schuldgefühle, weil sie beide enttäuschen musste, zu überwinden. Anita hatte auch vorher schon mit der Kleiderrückgabe geliebäugelt. Da sie aber keinen enttäuschen wollte, kam sie auf eine »geniale Lösung«:

»Wenn ich nun innerhalb kürzester Zeit zehn Pfund abnehmen könnte, dann hätte ich einen Grund, die Kleider zurückzuschicken, und keiner wäre böse.«

Ich habe diese Episode so ausführlich erzählt, weil sie deutlich zeigt, welche Selbstzerwürfnisse, ja Selbstzerfleischung das Unterdrücken und Abwerten eigener Bedürfnisse nach sich zieht. So wird das »Nettsein« zum Alptraum.

2. Vertrackte Loyalitäten

Ich falle dir nicht in den Rücken

Evelyn ist Architektin. Seit kurzem arbeitet sie in einem großen Büro. Evelyn hat ein Einfamilienhaus als Projekt zugewiesen bekommen, das sie weitgehend alleine bearbeitet. Dann ist Termin mit dem Bauherrn. Der Chef, der sich nicht besonders mit diesen speziellen Bauplänen auskennt, erläutert dem Bauherrn ausführlich, wie was aussehen wird. Evelyn merkt, dass der Chef falsche Informationen gibt. Sie selbst weiß es besser, da sie sich länger mit der Sache beschäftigt hat. Evelyn müsste nun die Dinge richtig stellen. Aber sie schweigt. Sie befürchtet, dass der Chef wütend werden könnte, da »sie ihm ja in den Rücken fällt«.

Miriam arbeitet in einem Steuerbüro. Der Chef ist dafür bekannt, dass er seinen Mandanten gute Steuerspartips gibt. Miriam bearbeitet einen Mandanten, der falsch datierte und fingierte Quittungen und Belege bringt. Sie spricht ihn darauf an, und er geht zum Chef. Der Chef ordnet an, dass Miriam den Fall »ganz normal weiterbearbeiten« soll. Miriam weiß, dass hier etwas Illegales läuft. Sie sieht nur zwei Möglichkeiten für sich: Entweder sie protestiert bei ihrem Chef und verliert ihren Job. Oder sie arbeitet weiter, als ob alles in Ordnung wäre, und verliert ihre Selbstachtung. Miriam schweigt und arbeitet, als ob nichts gewesen wäre.

Die zehnjährige Svenia spielt gut Flöte. Immer wenn die Mutter Besuch hat, soll Svenia auf der Flöte vorspielen. Svenia hat keine Lust, so vorgezeigt zu werden. Dennoch verweigert sie das Spiel nie, da sie spürt, wie wichtig es der Mutter ist.

Bei diesen Beispielen wird deutlich, wie die Selbstverleugnung funktioniert. Eigene Impulse, Gefühle, Bedürfnisse werden entweder gar nicht mehr gespürt oder weggedrängt. Das

Ziel der Selbstverleugnung ist es, die andere Person und deren Image hervorzuheben.

Der tolle Architekt, der seinen Laden im Griff hat, ist das Image, das Evelyn ihrem Chef vor dem Bauherrn bestätigt. Der kooperative Steuerberater ist das Image, das Miriam für ihren Chef vor seinem Mandanten hochhält.

Und Svenia zeigt dem Besuch, dass sie eine begabte Tochter ist, um die jeder die Mutter beneiden kann. Ein bisschen Glanz von ihrem Erfolg trifft dann auch die stolze Mutter. Und das ist das Ziel.

Selbstverleugnung kann zu blindem Gehorsam führen, wie jeder weiß. Da der Mensch biologisch gesehen kein Einzelgänger ist, sondern in Horden mit sozialen Spielregeln lebt, ist eine gewisse Unterordnung im Sinne des Gemeinschaftswohles unerlässlich. Die Fähigkeit sich unterzuordnen kann beim Menschen bis zum Kadavergehorsam gehen. Nach dem Zusammenbruch des Naziregimes redeten sich viele Helfershelfer aus der Verantwortung, weil sie »unter Befehl« standen. Amerikanische Psychologen wollten nach dem Krieg herausfinden, ob diese Art von Gehorsam wider besseres Wissen eine deutsche Charaktereigenschaft wäre. Der Psychologe Stanley Milgram und sein Team machten dazu ein Experiment.

Die Versuchspersonen kamen aus allen sozialen Schichten. Sie sollten Lehrer spielen und ihre Schüler für ungenügende Leistungen mit (fingierten) Stromstößen bestrafen. Die »Schüler« waren Schauspieler, die die »Schmerzen« von den »Stromstößen« täuschend echt spielten. Die Stromstärke wurde im Laufe des Experiments drastisch erhöht. Die »Lehrer« bekamen mit, wie die Schüler vor Schmerz brüllten, sich wanden und ohnmächtig wurden. Die »Lehrer« fragten auch immer wieder den Versuchsleiter, ob es denn wirklich nötig wäre, weiterzumachen. Der Versuchsleiter setzte sie unter »Sachzwang«, indem er immer wieder betonte, dass das Experiment wertlos sei, wenn der »Lehrer« nicht weitermachen würde. Trotz heftigsten Widerwillens und Gewissensbissen verabreichten über zwei Drittel der »Lehrer« ihren »Schülern« »tödliche Stromschläge«.

Es scheint, dass man fast jeden Menschen dazu bringen

kann, wider besseres Wissen Handlungen zu begehen, deren er sich hinterher schämt. Selbst wenn es nicht um Leben und Tod geht und auch nichts Wichtiges auf dem Spiel steht.

Alle geschilderten Situationen implizieren ein Machtgefälle: Mutter – Tochter, Versuchsleiter – Versuchsperson, Chef – Angestellte.

Dieses Machtgefälle produziert ein Abhängigkeitsverhältnis. Und wenn ich von jemandem abhängig bin, dann möchte ich ihm gefallen oder zumindest einen guten Eindruck machen.

Bereits vor 20 Jahren beschrieb die amerikanische Psychologin Jean Baker Miller in ihrem Buch »Towards a New Psychology of Women« die Machtdynamik in einer männerorientierten Gesellschaft:

»Wenn erst einmal eine Gruppe als unterlegen definiert ist, dann bezeichnen die Überlegenen sie gerne als defizitär ... und sie werden ermutigt, Eigenschaften zu entwickeln, die den Überlegenen, Mächtigeren gefallen: Unterwürfigkeit, Passivität, Gelehrsamkeit, Abhängigkeit, mangelnde Eigeninitiative, Entscheidungsunfähigkeit, Unfähigkeit zu denken.«[2]

Diese Eigenschaften sind bei Kindern sehr beliebt. Zu beliebt, vor allem bei Mädchen.

»Vor meinem Biologiestudium war ich Sekretärin«, erzählt Ida, eine junge Biologin. »Als Sekretärin hatte ich nie Schwierigkeiten mit Männern. Sie waren die Chefs, sie waren charmant, luden mich auch mal zum Essen ein, hielten mir die Türe auf und halfen mir in den Mantel. Seit ich aber als Biologin in der Pharmaforschung arbeite, hat sich das grundlegend geändert. Jetzt hilft mir keiner mehr. Im Gegenteil, sie versuchen, mir Zusatzarbeiten aufzubürden, und sie treffen sich abends in Kneipen, wo die Hackordnung festgelegt wird. Ich aber kann nicht abends in Kneipen herumhängen, weil ich als alleinerziehende Mutter dann lieber bei meinem Kind bin. Die Kerle haben alle ihre Hausfrauen daheim, die ihnen den Rücken frei halten. Als Sekretärin war ich nützlich, weil ich ihnen zuarbeitete. Heute bin ich eine Konkurrenz, die es auszuschalten gilt. Für diese Rolle habe ich nicht die

Ellbogen und auch sonst nicht die kämpferischen Verhaltensweisen, die Jungen wahrscheinlich bereits im Kindergarten lernen.«

Früh übt sich

Mein Sohn feierte seinen neunten Geburtstag. Eingeladen waren acht Jungen und ein Mädchen. Alle tobten ausgiebig. Nach der obligatorischen Kuchenschlacht beschlossen wir auf den nahe gelegenen Schlittenhang zu gehen und eine Runde Schlitten zu fahren. Es war Januar und es lag viel Schnee, was in unserer Gegend eher selten ist. Man musste jeden Schlittentag ausnutzen. Als sich alle in ihre Schneeanzüge zwängten, kam das Mädchen auf mich zu und meinte: »Wenn jetzt die Jungs Schlitten fahren gehen, dann helfe ich Ihnen das Geschirr zu spülen.« Ich wusste nicht, ob ich darüber weinen oder lachen sollte. Natürlich gingen wir alle auf den Schlittenhang. Das Geschirr konnte warten.

Warum hat mir kein Junge angeboten, beim Geschirrspülen zu helfen? Weil es ihnen lästig war und sie lieber Schlitten fahren gingen. Dies alles trifft auf das Mädchen auch zu. Das Mädchen hat sich in mich eingefühlt und vorweggenommen, dass mir das Geschirrspülen ebenfalls lästig ist (stimmt!). Dann hatte es wohl Mitleid mit mir und bot mir seine Hilfe an, damit ich schneller mit dem Geschirr fertig wurde. Es war bereit, ein Opfer zu bringen, damit es einem anderen Menschen (mir) besser ging. Das Mädchen war hilfsbereit und jeder Außenstehende freut sich darüber. Mädchen sind im Kindergarten- und Grundschulalter den Jungen an sozialen Fähigkeiten weit voraus. Sie fühlen sich ein, sie bekochen ihre Puppen, sie sind ordentlicher und gehorsamer. Sie sind sozial reifer. In der Schule können sie still sitzen und malen und schreiben schön. Jungen haben andere Werte. Sie raufen, streiten herum, messen sich mit anderen Jungen und toben sich aus.

Der amerikanische Psychologe Daniel Goleman schreibt in seinem Buch »Emotionale Intelligenz«, dass Menschen mit hohem sozialem Einfühlungsvermögen, mit der Fähigkeit, sich von den Gefühlen anderer anrühren zu lassen und aus Mimik und Gestik Gefühle anderer zu erschließen »besser angepasst, beliebter, extrovertierter und sensibel sind. Frauen sind in dieser Art von Empathie den Männern generell überlegen.«[3]

So weit, so gut. Was ist aber, wenn ich sensibel und empathisch bin, aber keinen enttäuschen kann?

Dann muss ich mich *verstellen.* Teresa Davis, Psychologin an der University of Texas, ließ 64 sechsjährige Jungen und Mädchen zwei Aufgaben bearbeiten. Für die richtige Lösung gab es eine Belohnung. Ein Teil der Kinder bekam ein erwünschtes Spielzeug. Die anderen erhielten ein Spielzeug, für das sie schon zu alt waren. Die Mädchen machten immer ein erfreutes Gesicht, egal was sie bekamen. Die Jungen zeigten ihre Enttäuschung (nach Cosmopolitan, Heft 5/96).

Ist das »Nettsein« also ein Frauenproblem? Sicher ist, dass Frauen für das Großziehen der Kinder bestimmte empathische Fähigkeiten brauchen. Ein Baby und Kleinkind ist darauf angewiesen, dass es sich seiner Mutter ohne Worte verständlich macht. Und das gelingt auch, wenn die Mutter sich in ihr Kind gut einfühlen kann. Instinkte spielen eine Rolle. Außerdem haben Frauen ein anderes Gehirn als Männer: der Balken, das heißt das »Verbindungskabel« zwischen der linken und der rechten Hirnhälfte, ist viel dicker als bei Männern. Dies befähigt Frauen nicht nur geradlinig logisch zu denken, sondern vernetzt.

Zwei Kinder beaufsichtigen, telefonieren und mit einer Hand Gemüse schnippeln – das können Frauen besser als Männer. Sicher ist jedenfalls, dass Gefühle und Denken bei Frauen immer viel näher beieinander liegen als bei Männern. Deshalb fällt es Frauen im allgemeinen schwerer, eine Arbeit zu machen, zu der sie »keinen Bezug« haben.

Ist es also nicht nur Erziehungssache, wenn mehr Frauen Erzieherin werden als Maschinenbauerin? Der »Bezug« zur Arbeit kommt über das Gefühl.

Männer kritisieren an Frauen oft ihre »Unsachlichkeit« und dass sie vieles »zu persönlich« nehmen. Ein Witz drückt es ganz gut aus. Ein Paar hat nur ein enges Sofa zum Sitzen. Das stört nicht, denn die Frau setzt sich einfach auf den Schoß des Mannes. Eines Tages macht der Mann den Vorschlag, dass sie sich ein breiteres Sofa kaufen könnten. Die Frau antwortet panisch: »Hast du mich nicht mehr lieb?«

So blöd, wie dieser Witz erscheint, ist er nicht. Wenn eine Frau aus Gestik, Mimik, Tonfall, Körperhaltung und dem Zeitpunkt, wann etwas gesagt wird, Informationen herauszieht, dann könnte sie tatsächlich in der Beziehung einen Trend erkennen, der dem Mann noch lange verborgen bleibt oder den er nicht zugeben kann.

Mit »Sachlichkeit« und »Distanziertheit« kann man ja auch das »Wesentliche« zudecken. In der Kommunikationswissenschaft unterscheidet man zwischen der Sachebene einer Information (*Was* wurde gesagt?) und der Beziehungsebene (*Wie* wurde es gesagt bzw. was wurde *gemeint*?)

Die Beziehungsebene zählt zwischenmenschlich mehr als die Sachebene. Wenn mir jemand sagt: »Ich rufe dich dann an«, dabei mit etwas anderem beschäftigt ist und mich gar nicht ansieht, dann tue ich gut daran, seine Worte eben nicht für bare Münze zu nehmen. Frauen kennen sich auf der »unsachlichen« Beziehungsebene besser aus. Sie können sich besser in andere Personen hineinversetzen. Das könnten sie für ihre eigenen Zwecke ausnutzen. Viele tun das auch. »Zu nette« Frauen tun es nicht. Haben sie zu viel Empathie? Oder steckt noch etwas anderes dahinter?

Wir müssen unterscheiden zwischen Empathie für andere und Empathie für sich selbst. »Zu nette« Frauen haben für *andere* nicht nur viel Einfühlungsvermögen, sondern auch (zu) viel Verständnis. Für sich selbst haben sie zu wenig Einfühlung und zu wenig Verständnis.

Warum sind sie anderen gegenüber loyaler als sich selbst gegenüber? Das hat seine Geschichte.

»Stell dich nicht so an!«

Wie fühlen Sie sich, wenn Ihnen jemand diesen Satz entgegenschleudert? Fühlen Sie sich ernst genommen? Wohl kaum. Jemand, der diesen Satz benutzt, möchte, dass wir in *seinem* Sinne funktionieren. Ihn oder sie interessieren unsere eigenen Gefühle, Wünsche und Bedürfnisse in diesem Augenblick nicht.

Ein Kind, das diesen und viele ähnliche Sätze oft hört, wird allmählich seinen eigenen Empfindungen nicht mehr richtig trauen. Jemand anders sagt ihm, wie es sich zu verhalten und damit auch zu fühlen hat.

Ein intelligenter und sensibler Mensch lernt sehr schnell, dass bestimmte eigene Gefühle kein Wohlwollen der Eltern hervorrufen. Oder dass diese Gefühle generell nicht angebracht sind. Ein Junge weint nicht, hieß es früher. Die Schäden, die diese Einstellung hervorgerufen hat, sind nie erfasst worden. Ein Junge redet auch nicht über Gefühle – und später der Mann auch nicht. Viele Beziehungen kranken an der Unfähigkeit von Männern, sich mit Gefühlen auseinanderzusetzen.

Gefühle müssen von der Umwelt, besonders von den frühen Bezugspersonen als »in Ordnung« vermittelt werden. Erst dann »darf« das Kind so empfinden.

Ein Dreijähriger ist mit seiner Mutter beim Einkaufen. Vor der Kasse stehen Süßigkeiten in Griffhöhe. Das Kind bedient sich. Die Mutter sagt: »Nein.« Sie nimmt dem Kind den Schokoriegel aus der Hand und legt ihn wieder zurück. Das Kind greift wieder nach dem Riegel. Die Mutter legt ihn wieder zurück. Das »Nein« ist bereits lauter geworden. Beim dritten Mal beginnt das Kind zornig zu weinen. Die Mutter schlägt es auf die Hand. Das Kind nimmt die Hand der Mutter und beißt hinein. Nun nimmt die Mutter das Kind, schüttelt es durch und gibt ihm einen Klaps auf den Po. »Du bist ein ganz böses Kind«, sagt sie. Das Kind brüllt wie am Spieß.

Warum ist das Kind »böse«? Weil es den Schokoriegel gegen den Willen der Mutter haben möchte? Dies war die Ausgangssituation. Weil es hartnäckig ist? Diese Eigenschaft wird ihm im Leben nützen. Weil es die Mutter gebissen hat? Es hat sich gewehrt, auch das nützt ihm im Leben. Die Mutter hätte sein Gefühl, seinen Impuls »Ich will haben« als in Ordnung definieren können. Hätte sie gesagt: »Ich verstehe, dass du den Schokoriegel haben willst, aber ich kaufe heute keine Schokolade«, so wäre das Theater auch groß gewesen, aber das Kind hätte gespürt, dass sein *Wollen* in Ordnung ist. In Ordnung sein heißt, die Mutter kann es verstehen, sie kann es nachfühlen.

Auch wenn die Mutter in der Sache hart bleibt, so kann sie dennoch Verständnis für das Gefühl zeigen. Tut sie das nicht, glaubt das Kind, es werde für sein Gefühl bestraft.

»Als Kind war es nie recht, wie ich gerade war«, erzählt Meta, eine 22-jährige Studentin der Physik. »War ich traurig, hieß es, ich sei eine Heulsuse. War ich ausgelassen, hieß es: ›Der Vogel, der am Morgen singt, den holt am Abend die Katze.‹ Hatte ich Ängste, wurde ich verspottet, und versuchte ich lautstark zu argumentieren, dann hieß es: ›Wer schreit, hat Unrecht.‹ Meldete ich aber leise meine Bedenken an, dann wurde ich glatt übersehen.

Wenn ich meinem Vater widersprach, fuhr dieser mich an: ›Willst du damit sagen, dass ich lüge?‹ Sagte ich nein, hieß es: ›Also, dann sei still.‹ Sagte ich ja, wurde ich verprügelt.«

Meta hat heute massive Schwierigkeiten zu sehen, wer und wie sie ist. Sie »funktioniert« im Leben. Sie ist viel zu perfektionistisch und will es jedem recht machen – außer sich selbst. Glücklich ist sie nicht – sie darf es nicht sein.

Meta: »Schlimm war auch, dass ich mich immer bei meinen Eltern entschuldigen musste, obwohl ich gar keine Schuld hatte. Ich kann mich noch an einen Vorfall gut erinnern. Da war ich so elf Jahre alt. Meine Mutter hatte ohne mein Einverständnis eine alte Puppe, mit der ich lange nicht mehr gespielt hatte, mit neuen Kleidern versehen und meiner kleinen Cousine geschenkt. Ich erfuhr es rein zufällig. Da wurde ich so wütend, dass ich meine Mutter als blöde Kuh beschimpfte. Ich wurde sofort auf mein Zimmer geschickt und sollte mich entschuldigen. In meinem Zimmer schlug ich so lange mit dem

Kopf gegen die Wand, bis die Stirn blutete. Ich konnte diese starke Spannung nicht aushalten. Ein paar Stunden später entschuldigte ich mich dann tatsächlich. Was hätte ich auch tun sollen. Aber meine Mutter war noch nicht versöhnt. Ich musste noch Wäsche zusammenlegen und das Geschirr spülen. Danach ließ sie sich dazu herab, wieder mit mir zu reden. Aber meine Mutter hat es auch gebracht, tagelang zu tun, als sei ich Luft. Das war das Allerschlimmste. Da habe ich mich lieber entschuldigt.«

Meta glaubt oft, dass sie »schuld« sei. Ist ihr Freund schlecht gelaunt, dann meint Meta, das liege an ihr.

Bekommt sie für einen Entwurf eine schlechtere Note, dann glaubt sie, sie habe den Beruf verfehlt.

Bei »zu netten« Frauen ist der Kompass für die eigenen Gefühle gestört. Dies ist meist praktisch für die anderen, zumindest oberflächlich betrachtet.

Ich möchte nun nicht den Eindruck erwecken, ich wollte hemmungslose Rücksichtslosigkeit als Idealverhalten propagieren. Die goldene Mitte muss auch hier gefunden werden. Um zu zeigen, wie »Frechheit siegt«, möchte ich noch eine kleine Episode hinzufügen, die mir vor ein paar Wochen passierte.

Ich parkte mein Auto in einer Parkbucht und ging zur Bank. Als ich zurückkam, fand ich hinter meinem Auto ein anderes Auto quergestellt, leer und mit laufendem Motor. Ich wurde wütend und wartete. Lange fünf Minuten. Da kam ein circa 60-jähriger Mann und wollte sich seelenruhig in das quergeparkte Auto setzen. Ich sagte ihm ziemlich wütend, dass ich sein Parken unverschämt fände. Da meinte er ganz lässig: »Jetzt machen Sie mal keine solche Hektik.« Stieg ein und fuhr seelenruhig davon.

Bist selber schuld, wenn du dich aufregst. Was kümmert es mich. Stell dich nicht so an.

3. Grenzenlosigkeit

»Ich bin doch nicht kleinlich, oder?«

Das Magnum-Eis ist weg. Karin kann es nicht glauben. Sie räumt noch einmal das gesamte Tiefkühlfach des Kühlschrankes aus. Nichts. Karin muss sich erst einmal setzen. Das kann nur Anni, ihre Mitbewohnerin, gewesen sein. Karin ist frustriert. Vor allem weil sie sich so auf das Eis gefreut hatte. Sie wollte es sich mit ihrem Magnum richtig gemütlich machen. Aber da ist noch etwas. Karin macht sich schon länger über Annis Übergriffe Gedanken. Anni benutzt ihren Bademantel, wahrscheinlich sogar manchmal ihr Handtuch im Bad. Wenn Karin Post bekommt und nicht zu Hause ist, dann geht Anni in ihr Zimmer und legt sie auf den Schreibtisch. Das stört Karin, aber sie ist sich unsicher, ob dies nicht sehr kleinlich und spießig ist. Deshalb sagt sie nichts.

Anni benutzt oft Karins Shampoo. Als Annis Shampoo leer war, erlaubte ihr Karin, ihres zu benutzen. Aber natürlich hatte sie erwartet, dass sich Anni bald ein neues kaufen würde. Dies geschieht aber erst nach Monaten. Karin hat ein teures Spezialshampoo für dünnes, fettiges Haar. Anni hat ein Billigprodukt aus dem Supermarkt. Natürlich weiß Anni Karins Shampoo bald zu schätzen. Als Karin Anni darauf aufmerksam macht, dass sie sich jetzt mal ein eigenes Shampoo kaufen soll, ist Anni beleidigt. Sie beschimpft Karin als egoistisch und spießig. Karin schweigt dann schuldbewusst. Aber was kann sie dafür, dass Anni seit Monaten arbeitslos ist und Karin gut verdient? Anni benutzt Karins Fernseher. Er steht sogar in Annis Zimmer, weil sie mehr Zeit zum Fernsehen hat. Auch hat Karin Anni im Verdacht, dass sie sich an ihren Grundnahrungsmitteln heimlich selbst bedient.

Deswegen wagt Karin aber auf keinen Fall etwas zu sagen, denn sie will Anni ja auch etwas unterstützen. Trotzdem findet sie es im hintersten Winkel ihres Herzens nicht in Ordnung. Anni leiht sich auch Klamotten von ihr aus. Die Winterjacke, die Anni schon seit Wochen trägt, wagt Karin nicht zurückzufordern, weil sie weiß, dass Anni sich keine leisten kann. Wenn Anni keine saubere Unterwäsche mehr hat, bittet sie Karin um eine saubere Unterhose. Karin ist das Ausleihen von Unterhosen zutiefst zuwider. Aber was soll sie machen? Anni braucht doch eine Unterhose. Also reißt sie sich zusammen und gibt ihr eine. Hinterher wirft sie diese Hose dann heimlich weg. Anni darf es nicht merken, sonst könnte sie ja denken, dass sie sich vor ihr ekelt. Das Schlimmste aber ist, dass sich Karin mit ihren Freundinnen nicht mehr ungestört unterhalten kann. Anni setzt sich immer dazu und führt oft das große Wort. Auch ist sie immer so schnell am Telefon und plaudert dann mit ihren Freunden, so dass man sich schon fragen muss, wen die Freunde überhaupt anrufen wollten: Karin oder Anni? Anni hat mich voll vereinnahmt, wütet Karin innerlich, und in diesem Moment steht ihr Entschluss fest: Sie muss ausziehen. Die Frage ist nur, wie sie es anstellen kann, dass Anni nicht dahinter kommt, dass sie ihretwegen auszieht.

Wie fühlen Sie sich, wenn Sie das lesen? Angespannt? Kommt es Ihnen bekannt vor? Zumindest in Ansätzen? Was muss Anni noch alles machen, damit Karin endlich Grenzen setzt, ihr Revier verteidigt, nein sagt? Karin zieht lieber aus, als sich lautstark abzugrenzen. Warum? Da muss doch eine massive Angst dahinterstecken. Karin: »Anni ist arbeitslos, hat so gut wie keine Freunde und tut mir einfach leid. Ich versuche nett zu ihr zu sein.«

Was möchte Karin mit dem Nettsein erreichen?

Karin: »Dass sich Anni nicht so verlassen und ungeliebt fühlt. Sie sagt ja selbst, dass keiner sie richtig leiden kann.«

Glaubt Karin, Anni mit diesem Verhalten irgendwie zu helfen?

Karin: »Anni wird sich vielleicht durch mein Verhalten so fühlen, als sei ihr Verhalten normal und in Ordnung.« Ist Unterhosenausleihen in Ordnung? Ganz sicher nicht, wenn die Besitzerin der Unterhose diese hinterher heimlich wegwirft. Karin hilft Anni mit ihrer Nachgiebigkeit nicht. Anni muss lernen, die Eigenanteile an ihrer Misere zu entdecken, und Karin könnte ihr durch ehrliches Feedback dabei sehr helfen.

Was hält Karin davon ab, Anni ein ehrliches Feedback zu geben und sich mit ihr auseinander zu setzen?

»Ich befürchte, dass Anni dann ausfällig wird. Dass sie mich wieder als spießig, egoistisch und verwöhnt bezeichnet. Dass sie tagelang beleidigt ist und mit mir kein Wort redet.«

Was ist so schlimm daran, als egoistisch, spießig und verwöhnt bezeichnet zu werden?

Karin: »Ich durfte als Kind nicht egoistisch sein. Mein Vater hatte vier Geschwister und sie waren sehr arm. Immer musste er seine Sachen teilen. Und er hat auch von mir verlangt, dass ich teile. Bekam ich eine Tafel Schokolade geschenkt, musste ich mit Vater und Mutter teilen. Manchmal aß ich Dinge heimlich ganz alleine auf. Mit sehr schlechtem Gewissen. Irgendwie habe ich gelernt, dass ›egoistisch‹ und ›verwöhnt‹ sein etwas ganz Niederträchtiges ist. Etwas, wofür man sich schämen muss.«

Anni kennt Karins wunde Punkte. Sie braucht ihr nur zu sagen, sie sei egoistisch, und schon fängt Karin an ihr das Gegenteil zu »beweisen«. Die Regeln macht Anni. Was »egoistisch« ist, bestimmt Anni. Und die Regeln sind sehr biegsam.

Das Teilen ist nur eine Sache. Eine andere ist das Grenzensetzen. Karin hat eine Sperre, Anni zu sagen: »Bis hierher und nicht weiter.« Die Regel, die dahinter steht, heißt: Du musst alles mit dir machen lassen.

Karin: »Als Kind hatte ich ein Dreirad. Auf dem wollten, wenn wir auf dem Spielplatz waren, auch andere Kinder fahren. Ich wollte aber nicht, dass andere Kinder fahren, da ich befürchtete, sie könnten etwas kaputt machen. Meine Eltern haben mich dann aber immer gezwungen, Kinder, die ich kannte, fahren zu lassen. Ich war dann sehr wütend und wurde für die Wut noch bestraft.«

Karin durfte nicht anziehen, was ihr gefiel. Sie hatte nicht einmal ein Mitspracherecht, auch mit zwölf Jahren noch nicht. Karin durfte ihr Zimmer nicht abschließen.

Karin durfte nicht sagen: *»Das ist meines und ich will nicht, dass jemand anderes es benutzt.«*

Grenzenlos nett

Karin möchte auf keinen Fall als »kleinlich« angesehen werden. Anni weiß das und nutzt es aus für ihre Zwecke. Karin möchte als großzügig gelten. Darf ein großzügiger Mensch niemals Grenzen setzen? Ab wann ist er dann nicht mehr großzügig? Die Antwort ist relativ. Bin ich selbst geizig, dann nehme ich den anderen schneller als großzügig wahr, als wenn ich selbst sehr großzügig bin. Das Problem liegt woanders.

Karin möchte gemocht, geachtet und geschätzt, vielleicht auch bewundert werden. Das ist o. k. Weniger o. k. ist, was sie dafür tut. Sie gibt ihre eigenen Grenzen auf. Als Kind war sie »böse«, wenn sie Grenzen zeigte und auf deren Einhaltung bestand. So lernte Karin: Grenzen sind schlecht. Dafür wird man bestraft. Also darf man keine Grenzen haben, wenn man geliebt werden möchte.

Schauen wir uns die Grenzen einmal genauer an.

Die ersten Grenzen, die wir als Menschen wahrnehmen, sind die Körpergrenzen, unsere Kontur. Hier gibt es zwei Öffnungen, an denen die ersten Grenzverletzungen auftreten: der Mund und der After.

Und genau hier gibt es früh im Leben Reibereien mit den Eltern: Essprobleme und Sauberkeitsprobleme. Oben soll etwas »hinein«, unten soll etwas »heraus«. Es soll die Körpergrenze überschreiten nach der einen oder der anderen Richtung. Dies müsste eigentlich nicht zum Problem werden, denn jedes gesunde Kind isst, wenn es Hunger hat, und hört damit auf, wenn es satt wird. Und jedes gesunde Kind wird spätestens zwischen drei und vier Jahren sauber. Es hat noch seinen natürlichen und gesunden Rhythmus. Und dann kommen die Eltern mit ihren Normen, ihren Schablonen, ihren Vorstellungen, was und wie viel ein Kind wovon essen sollte. Und wann es auf den Topf gehen soll. Und dann haben wir Grenzprobleme.

Karin: »Ich musste immer den Teller leer essen. Die Mutter hat mir immer eine Riesenportion aufgetan, und wenn ich die nicht schaffte, dann musste ich oft über Stunden am Tisch sitzen bleiben. Irgendwann aß ich dann halt alles auf, um wieder spielen zu können. Aber manchmal, wenn das Zeug besonders eklig schmeckte, dann behielt ich es im Mund und schluckte es nicht. Ich stopfte es in meine Backen wie ein Hamster. Oft musste ich nach dem Essen schlafen. Und ich schlief mit vollen Backen. Wenn ich dann aufwachte, spuckte ich das eklige Zeug ins Klo.« Den Teller musste früher (und heute) fast jedes Kind leer essen. Dann gibt es schönes Wetter, sagte man dem Kind. Oder: Dann gibt es leckeren Nachtisch. Es gibt vor allem Essprobleme, weil das Kind seinen natürlichen Hunger-Satt-Rhythmus dabei verliert. Das Kind verliert vor allem das Recht, seine Grenzen dicht zu machen. Es macht die Erfahrung, dass seine eigenen Sattheitsgefühle nicht respektiert werden und dass gleichzeitig jemand von *außen* ihm sagt, wann es satt zu sein hat. Die eigenen Grenzen und die damit verbundenen Gefühle werden immer mehr in den Hintergrund treten und das Kind wird ihnen nicht mehr vertrauen dürfen. Die Fremdnormen werden immer wichtiger und treten immer mehr in den Vordergrund.

Aber das ist noch nicht alles. Der Säugling möchte, wenn er nach Nahrung verlangt, mehr als nur eine Kalorienzufuhr. Er möchte die Brust. Er möchte körperliche Nähe, Wärme, Geborgenheit, Freude. Süße Milch natürlich auch. Er möchte etwas haben. Und zwar dann, wenn *er selbst* es möchte und nicht die Mutter. Früher und vielfach noch heute füttert man im Vier-Stunden-Rhythmus. Das ist die Schablone, die auf das frühe Essverhalten aufgedrückt wird. Das Kind lernt daraus: Die anderen bestimmen, wann ich etwas bekomme. Und wenn das Essen und der warme Körper der Mutter dann da sind, dann weiß das Kind: Jetzt oder nie. Und es greift zu.

Der Berliner Psychoanalytiker Schultz-Hencke schrieb bereits 1940 in seinem Buch »Der gehemmte Mensch«, dass der Umgang mit dem ersten Habenwollen der Brust später auf andere Lebensbereiche abfärbt.

»Ein Kind will triebhaft expansiv sein, es will sich entfalten. Auch das Habenwollen, das kaptative Streben gehört hierher … Trifft auf einen Menschen schon in allerfrühester Kindheit eine Atmosphäre der Härte, d. h. vielleicht nur der Lieblosigkeit, der mangelnden Bestätigung, so wird sein Entfaltungsdrang eingeschüchtert, sein Streben gelähmt … Dann entwickelt das Kind Furcht statt Vertrauen … Ein kaptativ (zugreifend) gehemmtes Kind kann dann einerseits nicht so ›zulangen‹, wie es eigentlich seiner Natur entsprechen würde, andererseits steht es aber ›unter innerem Druck‹. Seine kaptative Gehemmtheit kann unmittelbar als Esshemmung zutage liegen, aber sie kann auch verborgen bleiben und nur bei genauerem Hinsehen als mangelnder Mut zu begehren, haben zu wollen, lebhaft wünschen zu können erkennbar sein.«[4]

Alle diese Merkmale weist die »zu nette« Frau auf: gehemmtes Zupacken, oft Essstörungen, mangelnder Egoismus, innerer Druck, mangelnde »Expansion«.

Durch die frühen Erfahrungen mit dem Essen wurden bei der »zu netten« Frau das *Habenwollen* und das *Zupacken* gehemmt.

Auf dieser Basis baut sich dann die Sauberkeitserziehung auf. Nun wird die nächste Körpergrenze vergewaltigt. Das Kind soll aufs Töpfchen gehen. Zum Glück und dank der Wegwerfwindeln drillen heute nur noch wenige Mütter ihre Einjährigen.

Früher war eine Mutter stolz, wenn ihr zehnmonatiges Kind »sauber« war. Sie ahnte nicht, was sie bei ihrem Kind damit kaputt gemacht hatte. Mehrere Wickelkinder gleichzeitig waren in Zeiten ohne Waschmaschine und Trockner nicht einfach zu handhaben. Man kann die Mütter verstehen, wenn sie die Kinder schnell »sauber« haben wollten. Geschadet hat es trotzdem. Ein Kind soll auf Kommando etwas hergeben, was es faktisch nicht kann. Einmal, weil es so früh seinen Schließmuskel nicht voll kontrollieren kann, und zum anderen, weil die Verdauung unabhängig vom Willen gesteuert wird. Sie wollten den Darm dazu »erziehen«, dass er täglich um dieselbe Zeit etwas abgibt. Dazu musste dann das Kind täglich zur selben Zeit »sitzen«. Manche Kinder saßen täglich Stunden auf dem Topf. Ein nicht »erzogener« Darm gibt dann etwas ab, wenn der Mensch entspannt ist. Und das ist auch sinnvoll. Wozu also der ganze Topfstress?

Wieder lernt das Kind: *Ich darf meine Grenzen nicht zulassen. Ich muss etwas abgeben gegen meinen Willen.*

Schultz-Hencke schreibt, dass eine zu frühe oder zu harte Sauberkeitserziehung leicht »zu einer abnormen Gefügigkeit im Hergeben, also zu einer Gehemmtheit des Behaltenwollens«[5] führen kann. Richtig. Das Phänomen des Zu-nett-Seins hat genau diese beiden Seiten: Die Gefügigkeit und die Gehemmtheit des Behaltens oder moderner ausgedrückt eine übergroße Anpassungsbereitschaft auf der einen und einen Mangel an »Egoismus« auf der anderen Seite.

Man kann das Nettsein als einen *Verhaltensüberschuß* in Bezug auf Anpassung sehen und als *Verhaltensdefizit*, was Abgrenzung, Aggression und Eigenständigkeit (»Egoismus«) betrifft.

»Sei für mich verfügbar«

»Wenn ich abends aus dem Büro nach Hause komme, dann esse ich erst einmal etwas. Danach könnte ich eigentlich noch etwas für mich tun, aber irgendwie schaffe ich das nicht. Ich werkle dann im Haushalt herum und bin unzufrieden. Eigentlich würde ich gerne zum Sport gehen oder mich mal mit einer Freundin treffen. Bis vor kurzem habe ich geglaubt, dass ich abends einfach zu abgeschlafft sei, um mich nochmals zu größeren Aktivitäten aufzuraffen. Inzwischen weiß ich, dass dies nicht der Grund ist. Der wahre Grund ist, dass ich *warte*.

Wenn mein Mann auf Geschäftsreise ist, dann werde ich plötzlich aktiv. Dann mache ich für abends Termine mit Kollegen und Freunden ab. Dann gehe ich ins Kino, zum Turnen, ins Theater und in die Kneipe. Kommt mein Mann aber abends nach mir nach Hause, dann halte ich mich verfügbar. Auch wenn er schläft, kann ich gut arbeiten. Aber wenn er aufwacht, geht es nicht mehr. Dann denke ich, ich muss mich um ihn kümmern«, sagt Angela, eine patente und kompetente 35-jährige Sekretärin. Sie möchte abends gerne malen, hat auch alles Malzeug parat, aber sie hat täglich eine neue Begründung, warum sie es nicht tut. Mal »lohnt« es sich nicht anzufangen, weil sie »nur« zwei Stunden Zeit hat. Mal kommt etwas im Fernsehen, das sie unbedingt sehen muss. Mal kommt ihr Mann schon etwas früher und dann kann sie erst recht nicht mehr malen.

Sie hält sich dann für ihren Mann *»verfügbar«*. Möchte ihr Mann das? Angela sagt, es sei ihm manchmal angenehm, aber oft auch lästig. Ihr Mann fühle sich dann auch verpflichtet, für Angela verfügbar zu sein. Das heißt, sie »müssen« dann die Zeit mit einer gemeinsamen Aktivität zubringen. Ihr Mann würde aber lieber öfter am Computer sitzen – allein. Oder angeln gehen – allein. Oder mit Freunden in die Kneipe gehen – ohne Angela. Auf solche Wünsche reagiert Angela mit heftigen Vorwürfen. Wenn diese nichts nützen, fällt sie in eine Art Depression. Gelingt es ihrem Mann, doch einmal einen Alleingang zu starten, dann bekommt Angela *Beklemmungen.* Sie kann dann nichts mit sich anfangen, ist sehr unruhig und schaut alle zehn Minuten auf die Uhr. Sie schämt sich, weil sie so reagiert. »Wie ein kleines Kind, dessen Mutter weggegangen ist«, beobachtete Angela.

»Ist Ihre Mutter oft weggegangen, als Sie noch klein waren?« frage ich Angela. »Ja«, sagt sie, »meine Mutter ging immer arbeiten und ich ging dann zu Oma, die im selben Haus wohnte. Ich kann mich aber nicht daran erinnern, dass ich mich oft nach meiner Mutter gesehnt hätte. Wenn meine Mutter dann zu Hause war, hatte sie auch nicht viel Zeit für mich. Sie machte dann den Haushalt und ich spielte mit meinem

Bruder. Dieses Gefühl, dass ich ohne einen anderen Menschen kaum existieren kann, habe ich nur bei meinem Mann.« Offenbar hat die Beziehung zu ihrem Mann eine so gute emotionale Qualität für Angela, dass sie es wagt, ihre ganz tiefen Bedürfnisse nach Geborgenheit, Gehaltenwerden, Regression und Kindsein wieder zu spüren. Diese musste sie im Zusammensein mit ihrer richtigen Mutter tief begraben. »Ich war schon früh selbständig. Mit fünf Jahren ging ich allein zum Bäcker, mit sieben versorgte ich meinen kleinen Bruder und machte bereits viel im Haushalt. Das freute meine Mutter immer sehr. Aber ich habe auch viel gespielt, mit Nachbarskindern und Schulfreundinnen. Besonders eine gute Freundin hatte ich. Ich klammerte mich an sie und wollte immer nur mit ihr spielen. Eines Tages zog sie weg, und ich habe sie leider nie wieder gesehen. Das schmerzt mich heute noch.«

Angela hatte sich also doch schon einmal gefühlsmäßig an einen Menschen außerhalb der Familie gebunden. Und sie hat die Erfahrung gemacht, dass dieser Mensch plötzlich für immer verschwunden war. Dieser Schmerz sitzt tief, und Angela möchte ihn um jeden Preis für die Zukunft vermeiden. Deshalb versucht sie ihren Mann zu beschatten. *»Wenn ich für dich verfügbar bin, musst du es für mich auch sein.«* Auf diese Weise versucht Angela ihre Verlassenheitsängste zu bannen.

Aber die Verfügbarkeit hat noch andere Gesichter oder vielleicht sollte man besser sagen »Masken«. Diese sind nicht so leicht als Verfügbarkeit zu erkennen.

Eine Germanistikstudentin klagte über Arbeitsstörungen. Sie musste eigentlich für ihr Studium viel lesen. Das hätte sie auch gerne getan, aber sie konnte sich nicht konzentrieren. Sobald sie ein Buch in die Hand nahm, wurde sie unruhig, getrieben, musste dringend putzen oder eine Freundin anrufen. Sie hielt ihre Ausweichhandlungen lange Zeit für berechtigt. Als sie sich dann das Bein brach und mit einem Gips im Bett liegen musste, konnte sie ihre Ausweichmanöver nicht durchführen. Sie wollte nun viel lesen. Sie konnte sich schlecht konzentrieren, immer wieder schweiften ihre Gedanken ab. Sie überlegte sich, was sie noch alles machen müsste. Irgendwann wurde ihr klar, dass diese »dringenden« Erledigungen nur einen einzigen Zweck hatten: Sie sollten sie vom Lesen abhalten. Daraufhin ließ sie die Gefühle, die beim Lesen hochkamen, mehr zu und spürte ihnen nach. Herzklopfen, Beklemmung, der Drang wegzulaufen und Panik traten auf.

Sie konnte sich das nicht erklären.

Als die Studentin Wochen später ihre Eltern besuchte, fiel es ihr wie Schuppen von den Augen und die Ursache ihrer »Arbeitsstörung« wurde ihr schlagartig bewusst. Sie erzählte: »Es war genau wie früher, als ich noch bei meinen Eltern wohnte. Ich hatte mir vorgenommen, aus meinem Bücherregal in meinem Zimmer ein paar Bücher mit an den Studienort zu nehmen. Kaum war ich in meinem Zimmer und begann das Regal durchzustöbern, schon stand meine Mutter ohne anzuklopfen im Zimmer und bat mich, doch den Tisch fürs Abendessen zu decken. Ich bekam eine Mordswut. So war es immer gewesen. Kaum hatte ich mich in mein Zimmer verzogen und ein Buch, das kein Schulbuch war, in die Hand genommen, schwupp, war meine Mutter da und fragte mich, ob ich denn nichts Besseres zu tun hätte als zu lesen. Lesen war immer verpönt. Wer las, galt als faul und nichtsnutzig in der Familie. Ich aber las für mein Leben gern. Für meine Mutter war dies immer eine Aufforderung, mir eine »vernünftige« Arbeit zu geben. Da ich beim Lesen so in eine andere Welt vertieft war, hörte ich die Mutter oft nicht kommen. Dann erwischte sie mich, und ich war verloren. Wenn ich sie aber kommen hörte, schob ich schnell ein Schulbuch über das andere Buch und sie dachte, ich sei mit Hausaufgaben beschäftigt. Dann ließ sie mich in Ruhe.«

Die Germanistikstudentin musste sich nach dieser Erkenntnis *selbst die Erlaubnis geben,* dass sie lesen durfte.

Sich selbst die Erlaubnis geben, dass sie »Unordnung« machen darf, muss auch eine andere Studentin, Claudia. Claudia wohnte im Studentenheim. Zu Beginn des Studiums musste Claudia ein Referat schreiben. »Irgendwie« ging es aber nicht voran. Claudia diagnostizierte: Arbeitsstörung. Bei näherem Hinsehen kam folgendes ans Licht: Claudia »durfte« sich in ihrem Zimmer nicht ausbreiten. Sie hatte alles peinlich aufgeräumt. Beim Arbeiten saß sie an ihrem winzigen Schreibtisch. Eigentlich wollte sie ihre Manuskriptblätter ausbreiten, aber sie hatte keinen Platz. Auf meine Frage, ob sie diese nicht auf dem Bett oder auf dem Boden ausbreiten könne, sah sie mich entgeistert an. »Auf das Bett und den Boden?« fragte sie verwundert. »So eine Unordnung!«

Wir überlegten, was denn »Ordnung« sei. Ich erzählte ihr von meinem Sohn. Als er drei war, hatten wir mühsam sein Zimmer aufgeräumt. Als alles schön im Regal stand, fragte er mich: »Und mit was soll ich jetzt spielen? Wenn ich mit Lego spiele, muss ich die Kiste wieder ausleeren.« Das leuchtete mir ein. Wo gehobelt wird, fallen Späne. Wenn ich ein Referat schreibe, muss ich meine Bücher und Blätter ausbreiten können, sonst verliere ich den Überblick.

Claudia hatte eine sehr ordentliche Mutter. Täglich räumte sie Claudias Zimmer auf. Dabei durfte Claudia höchstens Handlangerdienste leisten. Die Puppen wurden nach Mutters Ordnungsschema ins Regal gesetzt. Wehe, Claudia räumte sie so ein, wie sie wollte. Dann machte die Mutter es hinterher wieder »richtig«. Claudia kann auch keine Arbeit über Nacht liegen lassen. Alles muss abends wieder weggeräumt werden. Sie merkte auch, dass sie es sich im Zimmer nicht »gemütlich« machen durfte. Es sich »gemütlich« machen hieß für Claudia, sich auf das Bett zu setzen oder zu legen oder die Beine aufs Sofa zu nehmen. Dies war aber »verboten«. Auf dem Bett liegen hieße die Federn des Deckbettes zu zerdrücken. Die Beine auf das Sofa nehmen hieße, sich rüpelhaft und ungezogen zu verhalten.

Rüpelhaft, schlampig, ungezogen oder unordentlich möchte Claudia (noch) nicht sein, also ist sie brav im Sinne ihrer Mutter. Sie passt sich sogar an die physische Welt an, wo es keinen Sinn mehr macht. Aber das Prinzip »Ich passe mich an« greift trotzdem.

Claudia: »In meinem Zimmer habe ich eine Zuglampe. Immer wenn ich die Lampe putze, steige ich auf einen Stuhl zu ihr hinauf und putze sie umständlich in unbequemer Haltung. Dass ich sie ja zu mir herunterziehen könnte, fällt mir regelmäßig ein, wenn ich mit Putzen fast fertig bin. Dann ärgere ich mich über meine Umständlichkeit. Aber das nächste Mal passiert es garantiert wieder.«

Schultz-Hencke: »Wenn eine Mutter so auf Sauberkeit (also auf ihr Interesse) versessen ist, dass sie dem Kinde eine ruhige expansive Anpassung missgönnt, wird sie das retentive (behaltende) Streben ihres Kindes geradezu lähmen … Ein solcher Mensch wird späterhin dann zu einem, der nicht nein sagen kann.«[6] Und wieder sind wir bei der »zu netten« Frau.

Eine anonyme Frau, die meinen Fragebogen ausfüllte, brachte es auf den Punkt. Auf die Frage »Gab es in Ihrer Kindheit eine Person, für die Sie da sein mussten?« schrieb sie:

»Da meine Mutter sich für uns Kinder geopfert hat (wir sind ihr Leben), hatte ich permanent hinter ihr zu stehen und für ihre Bedürfnisse da zu sein. Ich musste mich sozusagen *freiwillig* für sie opfern. Meine Mutter verstand es, sich als die ewig Leidende hinzustellen.«

Ohne Schutz und Raum

George Bernard Shaw soll einmal gesagt haben: »Die Eltern sind eine wichtige Gruppe, die leider keine Eignungsprüfung im Interesse des Kindes ablegen muss.«

Bei einer solchen Eignungsprüfung wären die Eltern »zu netter« Frauen häufig durchgefallen. Zumindest in einigen

Teilleistungen. Ganz sicher hätten die Eltern, die ihre Kinder missbrauchen, die Prüfung nicht bestanden. Was ist Mißbrauch? Meist denkt man zunächst einmal an körperlichen Mißbrauch.

»Mein Vater schlug uns Kinder immer grün und blau und hat so seine Aggressionen an uns ausgelassen. Er verdrosch uns wegen Nichtigkeiten. Besonders ungerecht waren seine Schläge bei den Hausaufgaben. Wußte man etwas nicht, musste man die Hände ausstrecken und er schlug mit einem langen Lineal zu. Zog man die Hände weg, wurde die Anzahl der Schläge verdoppelt. Vor lauter Angst machte man schon automatisch viele Fehler. Ihm machte das Ganze sichtlich Freude.

Besonders schlimm traf es meinen Bruder, der Legastheniker ist. Für meinen Vater ist er nur bescheuert. Ungerecht fand ich auch die von Vaters Seite ausgehende Kollektivbestrafung. Da ich die Älteste war, trug ich die Verantwortung. Somit wurde ich immer mitbestraft. Von meiner Mutter fand ich die Kälte und Härte schlimm. Sie war ungemein nachtragend und konnte wochenlang nicht oder nur das Allernötigste mit einem sprechen«, schrieb mir eine 24 Jahre alte »zu nette« Frau. Viele Frauen haben Gewalterfahrungen in ihrer Geschichte.

Körperliche Misshandlungen sind leider keine Randerscheinung. Zwischen einem Klaps im Affekt und einer rituellen Bestrafungsaktion ist natürlich ein großer Unterschied. Demütigend ist beides. Der Kinderarzt Ben Rensen, der sich in den Niederlanden aktiv für misshandelte Kinder einsetzt, zählt zur Misshandlung neben der körperlichen auch die emotionale, die materielle, die körperliche und auch die intellektuelle Vernachlässigung. Er gibt folgende Zahlen an, die für die BRD, die Schweiz und Österreich in ähnlicher Höhe gelten dürften: Zwei bis vier Prozent der Kinder werden misshandelt. Am häufigsten ist Vernachlässigung (50–60 %), dann folgt Misshandlung (10–15 %). Und daraus gibt es alle Kombinationsmöglichkeiten mit hoher Dunkelziffer.[7]

Die schlimmste Grenzüberschreitung ist der fortgesetzte sexuelle Mißbrauch, dicht gefolgt von körperlichen Misshandlungen. Wenn ein Mensch die Erfahrung gemacht hat, dass sein *Nein* in keiner Weise respektiert wird von Menschen, die ihn eigentlich schützen müssten – also den Eltern –, so hat dies weitreichende Folgen.

Gut die Hälfte der von mir befragten »zu netten« Frauen war sexuell missbraucht worden. Sie leiden unter lähmender Depression, Unruhezuständen, Ängsten, dass alle möglichen Dinge passieren könnten, tiefer Einsamkeit, dem Gefühl, schmutzig zu sein, dem Gefühl, nichts Gutes verdient zu haben, körperlichen Spannungen (nächtlichem Zähneknirschen, Kiefer- und Schulterverspannungen). Sie sabotieren und verletzen sich selbst aus dem Zwang heraus, sich bestrafen zu müssen.

Sie lassen keinen zu nahe an sich heran, damit niemand ihre schreckliche Wahrheit erkennt. Sie lächeln und sagen, es gehe ihnen gut. Sie flippen aus, wenn der Partner sich anders verhält, als sie es wünschen. Sie leiden unter Trennungsängsten. Gleichzeitig können sie nicht glauben, dass der Partner sie liebt. Tägliche Liebesbeweise reichen nicht. Sie fühlen sich jedesmal schuldig, wenn sie etwas für sich fordern, verlangen und haben möchten. Selbst ihr Essen müssen sie sich verdienen. Ausruhen dürfen sie nicht, sie müssen immer aktiv sein.

Viele haben Essstörungen, trinken zu viel Alkohol, kiffen oder nehmen Beruhigungstabletten.

Sie haben Angst vor Nähe, vor Sex, vor Liebe und Zärtlichkeit. Und doch sehnen sie sich danach.

Die Nähe und Zärtlichkeit, die sie bekommen haben, war vergiftet. Sie wurden missbraucht, manipuliert und gleichzeitig »geliebt«. Nun hat sich das alles vermischt. Gibt es Liebe ohne Manipulation? Habe ich so eine Liebe verdient? Was muss ich tun, um Liebe zu bekommen?

Bei Frauen, die »nur« emotional missbraucht wurden, können die obengenannten Symptome auch vorkommen. Sie sind aber in der Regel nicht so ausgeprägt und nicht so hartnäckig.

Auch die psychischen Misshandlungen sind kränkend und verletzend. Eine der befragten Frauen erinnert sich an einen Ferienaufenthalt mit den Eltern. Als sie sich bei Tisch nicht tadellos benahm, packte der Vater ihren Teller und zwang sie, auf den Stufen vor dem Haus zu essen. Solche Demütigungen stecken Kinder unterschiedlich weg. Dieser Frau steckt die Demütigung heute noch tief in den Knochen.

Die Familientherapeutin Brigitte Lämmle weist der Familie zwei Hauptfunktionen bei der Kindererziehung zu. Die Eltern sollen das Kind *schützen* und sie sollen ihm *zeigen, wie man lebt.* Schützen sollen sie das Kind vor negativen Einflüssen von außen und vor Übergriffen Dritter.

Nicoles Mutter tat das Gegenteil: »Wenn ich mit den Nachbarskindern Streit hatte und die Nachbarin beklagte sich über mich, dann bekam ich von meiner Mutter sofort eine Ohrfeige, noch bevor sie fragte, was überhaupt los war. Ich glaube, sie hat mich geschlagen, um die Nachbarin milde zu stimmen. Sie gab sich auf jeden Fall solidarisch mit ihr. Mit mir war sie nie solidarisch. Wenn ich aus der Schule kam, dann wusste ich nie, wie sie gelaunt war. Mal konnte es sein, dass ich eine Ohrfeige bekam, mal wurde ich umarmt. Gründe habe ich dafür nie erfahren.«

Kinder, die später andere Menschen respektieren und ernst nehmen sollen, müssen diesen Respekt und dieses Ernst-genommen-Werden erst einmal am eigenen Leibe erfahren haben.

Nicole ist allen Menschen gegenüber misstrauisch. Wie soll sie Vertrauen gelernt haben, wo Vertrauen immer etwas voraussetzt, in das man vertrauen kann? Mit einer launischen, handgreiflichen Mutter, die Versprechen nicht einhält, in Konflikten nicht zu einem hält (wer soll denn zum Kind halten, wenn nicht die eigene Mutter?), die schon die bloße Anwesenheit Nicoles nervt, kann sie nicht gelernt haben, dass die Welt ein Ort ist, an dem man willkommen ist, wo die Menschen einem wohlgesinnt sind. Prinzipiell wenigstens. Vertrauen ist dann nur Dummheit. Brigitte Lämmle nennt Kinder ohne Schutz und Raum »ungeschützte Kinder«: »Es gibt in der Familie keinen stillen Winkel, in dem man seine Gedanken und Gefühle ordnen kann. Man fühlt sich stattdessen ständig beobachtet und ist selbst immer auf dem Sprung, um den Anordnungen der Umgebung sofort gerecht werden zu können.«[8]

Zu nette Frauen waren ungeschützte Kinder. Sie mussten

verfügbar sein, loyal sein und sollten möglichst keine Ansprüche stellen. Zu nette Frauen haben das Gefühl, eigentlich kein Recht auf Schutz und Raum zu haben. Aber oft hatten sie in den Herkunftsfamilien die »Chance«, sich ein bisschen Schutz und Wohlergehen zu *verdienen.* Sie mussten nur emotional brauchbar sein.

»Du bist meine beste Freundin«

Margitta ist hochschwanger. Sie sitzt mit ihrer Mutter im Wohnzimmer beim Tee. Margitta strickt an einem Babyjäckchen. »Meinst du nicht, dass die Wolle kratzen könnte? Du hast als Baby auch keine Wolle vertragen«, fragt die Mutter zaghaft. »Mama, ich habe dir doch schon mindestens fünfmal gesagt, dass das Baby das Jäckchen nicht direkt auf der Haut trägt. Es hat doch immer ein Baumwollhemdchen darunter.« Margitta klingt schon sichtlich genervt. Die Mutter kaut auf einem Keks herum. Sie beobachtet Margitta ununterbrochen. Margitta ist nervös. »Dass du so sitzen kannst, mit dem dicken Bauch. Das schnürt dir doch das Blut in den Beinen ab, oder nicht?« Die Mutter versucht Margitta in ein Gespräch zu verwickeln. »Wenn ich nicht mehr sitzen kann, dann werde ich mich schon anders hinsetzen«, gibt Margitta patzig zur Antwort.

Margitta versucht mühsam aufzustehen, um sich in der Küche neuen Tee zu holen. »Laß nur, ich hole schon den Tee, bleib nur sitzen«, sagt die Mutter eilfertig und geht in die Küche. Margitta fühlt sich unwohl. Seit ihre Mutter zu Besuch ist, hat sie ein Beklemmungsgefühl in der Brust. Sie kann nicht mehr richtig durchatmen. Sie weiß, dass es irgendwie mit ihrer Mutter zusammenhängt, und sie hat Schuldgefühle deswegen. Die Mutter meint es ja nur gut und möchte etwas für Margitta tun. Margitta möchte ja auch freundlich zu ihrer Mutter sein, aber sie schafft es kaum, da sie bei jedem Satz ihrer Mutter aus der Haut fahren könnte.

»Also, wenn das Kind dann da ist, musst du zusehen, dass du schnell wieder dein altes Gewicht bekommst, Margitta. Du hast zu viel zugenommen. Und wenn man beim Kinderkriegen nicht aufpasst, bleiben ruck, zuck einige Kilo auf den Hüften. Die kriegt man nie wieder runter ...« – »Schluss jetzt mit diesem Thema«, Margitta kann sich nun nicht mehr beherrschen, »meine Figur ist *mein* Problem, mein Kind ist *mein* Kind, mein Abendessen ist *mein* Abendessen und wie ich mich anziehe oder auf dem Sofa sitze, ist *meine* Sache, kapierst du das endlich?« Die Mutter zuckt bei jedem *mein* zusammen wie unter einem Peitschenhieb. Dann fängt sie an zu weinen. »Ich hab's doch nur gut gemeint«, schluchzt sie. »Du bist doch mein einziger Halt. Mit wem soll ich denn sonst die Dinge bereden?« Die Mutter weint aus tiefstem Herzen. Margitta ist betroffen. Wie konnte sie nur so gemein sein zu ihrer Mutter? Die arme Frau hat ja sonst keinen außer ihr. Margitta entschuldigt sich bei ihrer Mutter. Wofür eigentlich? Die Nerven seien ihr durchgegangen. Das liege wohl an der fortgeschrittenen Schwangerschaft. Die Mutter glaubt ihr nur zu gern. Beide bemühen sich nun um eine »normale«, belanglose Konversation. Als Margitta abends im Bett liegt, geht ihr die Szene nochmals durch den Kopf. Die Schuldgefühle sind verraucht, der Groll ist noch da. Und das Gefühl, in einer Falle zu sitzen. Margitta denkt an früher. Damals hatte sie die Funktion von Mutters Freundin. Alle Sorgen und Nöte musste sie sich anhören. Sogar die sexuellen Probleme mit ihrem Vater erzählte ihr die Mutter. Wie sie das als Kind anekelte! Sie hatte aber immer lächelnd zugehört als Kind, denn die Mutter hatte ja niemanden, der ihr sonst zugehört hätte. Die Oma, die mit im Haus wohnte, hielt zu ihrem Sohn und achtete darauf, dass ihr Sohn alles hatte, was er brauchte. Freundinnen hatte sie keine, Verwandte auch nicht und Margittas Schwester war immer unterwegs. So blieb Margitta als gute Freundin übrig. Margitta ging sonntags nicht in die Disco. Margitta hatte auch wenige Freundinnen. Margitta blieb gerne bei der Mutter zu Hause und beide gingen zusammen spazieren. Der Vater saß vor dem Fernseher und schaute Sport an.

Mutter und Margitta waren eine verschworene Einheit. Nie wurde Margitta frech zu ihrer Mutter. Nie war sie aufmüpfig und eigensinnig. Sie waren sich immer einig. Margitta hatte eine mächtige Rolle in der Familie. Sie war Vaters Vorzeigefrau, denn sie war klug und hübsch und durfte im Schulorchester mitspielen. Und sie war Mutters beste und einzige Freundin. Erst nachdem sie geheiratet hatte und in eine andere Stadt gezogen war, entwickelte sie ihren eigenen Kopf. Sie merkte allmählich, dass die Mutter sie immer noch in der Kindrolle halten wollte. Margitta wollte aus der Kindrolle raus. Aber sie wollte der Mutter auch nicht wehtun.

In dieser Sackgasse sind viele zu nette Frauen. Sie möchten ihren eigenen Willen entwickeln und gleichzeitig brav und verfügbar bleiben.

Als »ungeschützte« Kinder nahmen sie die Rolle in der Familie ein, die die Eltern ihnen zuwiesen. Sie hatten keine Wahl. Keiner schützte sie vor ihren Eltern, die ihnen etwas Wertvolles wegnahmen: ihr Eigenleben.

4. Hilflosigkeit und Ohnmacht

»Da ist doch nichts zu machen«

Samstag vor Heiligabend. Jeder rennt von Geschäft zu Geschäft und deckt sich mit Leckereien und Geschenken ein. Mitten im Gewühl steckt Anke. Als sie ihren Blick von den rotbackigen Äpfeln im Regal wendet, entdeckt sie am Gemüseregal ihre Freundin Monika. Erfreut steuert sie ihren Einkaufswagen ihr entgegen. »Hallo, Moni«, ruft sie fröhlich, »auch im Weihnachtsstress?«

Monika sieht genervt aus. »Ach, hallo Anke, schön, dich zu sehen. Du, ich bin furchtbar in Eile. Hab noch so viel zu besorgen. Also dann, schöne Weihnachten. Ich melde mich dann mal, wenn der Trubel vorbei ist.« Monika nimmt ihre Tochter an der Hand und will weiterziehen.

»He, warte doch noch einen Moment«, ruft Anke hinterher. »Wollen wir uns an den Feiertagen nicht mal treffen? So auf einen Kaffee, nur wir beide?«

»Ach Gott, Anke, wo denkst du hin? Du weißt doch, wie Weihnachten bei uns immer abläuft. An Heiligabend kommen meine Schwiegereltern und mein Bruder mit seinen drei Kindern. Da ist der Bär los. Und ich bin die Gastgeberin. Du weißt ja, meine Schwiegermutter ist recht anspruchsvoll, was das Essen betrifft. Mit Würstchen und Kartoffelsalat kann ich der nicht kommen. Die erwartet schon einen Braten oder einen Karpfen mit vielen Beilagen, drei Salaten und einem Nachtisch mit allen Schikanen. Wenn ich weniger auftische, glaubt sie, ich versorge ihren Sohn nicht richtig.« Monika redet sich richtig in Fahrt. »Ja gut, Monika, aber an einem der Tage kannst du dich doch losreißen für zwei Stunden. Du bist doch nicht der Haussklave«, wendet Anke entrüstet ein. »Da kennst du meine Familie nicht. Am ersten Weihnachtsfeiertag müssen wir meine Eltern besuchen und am zweiten kommen meine Schwester, Schwager und deren Kinder. Und immer ist großes Fressen angesagt. Da geht gar nichts.« Monika zuckt bedauernd mit den Schultern.

Anke gibt es resigniert auf, Monika aus ihrer Besessenheit herauszureißen. Monika trottet mit Aline genervt weiter. Anke hat ja vielleicht Vorstellungen. So etwas konnte ja auch nur einer Singlefrau einfallen. Kaffee trinken mit der Freundin! An Weihnachten! Na, da würde ihr Mann ihr etwas erzählen. Nein, das konnte sie nicht wagen. Dann wäre sie keine gute Ehefrau, Mutter, Gastgeberin und Köchin. Sie wäre selbstsüchtig und egoistisch. Und sie würde der halben Verwandtschaft das Fest verderben.

Eine klitzekleine Stimme in ihr meldet aber Bedenken an. War es notwendig, dass sie so einen Aufwand trieb? Wie viele Weihnachten sollte das noch so gehen, dass sie bereits Wochen vorher Menüpläne und Putzordnungen aufstellte? Nie würde das enden. Und schuld daran war nur sie ganz alleine, mit ihrem Perfektionismus. Plötzlich fühlt sich Monika nicht nur genervt, sondern auch ohnmächtig und hilflos.

Erkennen Sie sich teilweise selbst in Monika? Fühlen Sie sich den »Sachzwängen« auch oft hilflos ausgeliefert? Und sind Sie oft pessimistisch? Denken Sie, dass Sie *nie mehr* eine bessere Arbeitsstelle, eine bessere Wohnung oder einen besseren Mann finden werden? Dass Ihr Leben ganz anders wäre, wenn Sie nur reicher, dünner, schöner oder jünger wären?

Viele zu nette Frauen denken so. Pessimismus macht mutlos. Mutlosigkeit macht hilflos. Hilflosigkeit macht hoffnungslos. Hoffnungslosigkeit macht depressiv. Depressive Frauen sind immer brave Frauen. Sie haben keinen »Biss« mehr. Ihre berechtigten Aggressionen haben sie gegen sich selbst gerichtet.

Cora weiß ein Lied davon zu singen. Letzten Sommer entdeckte sie in der Stoffabteilung eines Kaufhauses den Blümchenstoff ihrer Träume. Sie nahm den Stoffballen in die Hand und rechnete aus, wie viel sie wohl für ein Sommerkleid brauchen würde. In diesem Moment hört sie die Verkäuferin mit einer anderen Kundin kommen. Die Kundin zeigt auf den Stoffballen und sagt: »Davon hätte ich gerne drei Meter.« Die Verkäuferin nimmt der fassungslosen Cora mit einem freundlichen »Entschuldigung« den Stoffballen aus der Hand und geht damit zum Zuschneidetisch. Cora ist wie gelähmt. Ihr fehlen die Worte. Einige Minuten später verlässt sie die Stoffabteilung, geht ins nächste Eiscafé und vertilgt einen Eisbecher. Der übrige Stoff hätte für Cora nicht mehr gereicht.

In Nachhinein ärgert sie sich natürlich über sich selbst. Warum hat sie sich nicht gewehrt? Schließlich hatte sie den Stoff als erste entdeckt. Er hätte ihr zugestanden. Sie ärgerte sich aber auch über den Eisbecher, mit dem sie sich »den Mund gestopft« hatte. So hat sie sich dreifach bestraft: mit dem Verzicht auf den Stoff, mit dem Verzicht auf ihre Wut und mit den überflüssigen Kalorien.

Ein solches Verhalten nennt man »Erlernte Hilflosigkeit«. Ein Mensch, der »hilflos« ist, glaubt, dass die Ereignisse, die ihm im Leben zustoßen, *stabil* sind (»dies wird *immer* so sein«), *global* (»dies wird *alle* Lebensbereiche durchziehen«) und *intern* (»es ist *meine* Unfähigkeit«). Ein hilfloser Mensch sagt also, wenn er eine Absage auf eine Bewerbung bekommt: »Kein Wunder, dass sie mich nicht genommen haben. Ich habe einfach nicht die Qualifikationen. Ich finde bestimmt nie einen guten Job. Ich bin einfach unfähig.«

Monika, die wir im Weihnachtsstress kennengelernt haben, steuerte noch eine andere Situation bei, in der sie sich hilflos verhält: »Unter uns im Haus wohnt ein böser Nachbar. Immer wenn unsere Kinder toben, kommt er hoch und beschwert sich lautstark. Ich bin dann meist schuldbewusst und beschwichtige ihn. Meine Kinder ermahne ich alle fünf Minuten, doch etwas leiser zu sein. Mein Mann macht das ganz anders. Er erklärt dem Nachbarn ganz cool, dass es nichts zu beschweren gebe. Es sei noch nicht 22 Uhr. Außerdem müsse man Kinderlärm hinnehmen. Inzwischen beschwert sich der Nachbar nicht mehr, wenn mein Mann zu Hause ist. Er kommt nur noch, wenn ich mit den Kindern alleine bin. Dann werde ich schon beim geringsten Lärm meiner Kinder ängstlich.«

Die Grundregel aller zu netten und hilflosen Frauen heißt:

Du darfst dich *nicht wehren.* Du musst immer anderen *den Vortritt lassen.* Weil du zu dumm, fett, häßlich bist, wirst du *es nie schaffen,* dein Leben auf die Reihe zu bekommen.

Erlernte Hilflosigkeit

1968. Wir sind im Psychologischen Institut der Universität von Pennsylvania in den USA. Eine Gruppe von Verhaltensforschern um den Psychologen Martin Seligman führt eine Reihe von Experimenten zur »Hilflosigkeit« an Hunden durch. Ein Drittel der Hunde wird hilflos gemacht. Sie werden festgeschirrt und erhalten Elektroschocks, die schmerzhaft sind und denen die Hunde nicht ausweichen können. Ein zweites Drittel der Hunde bekommt vor dem Elektroschock ein Warnsignal und kann dann mit der Schnauze einen Hebel betätigen, um dem Schock zu entgehen. Eine dritte Gruppe von Hunden bekommt keine Schocks. Sie ist nicht »vorbelastet«. Einen Tag später werden die Hunde in einen Käfig gesetzt, dessen Bodengitter unter Strom gesetzt werden kann. Alle Hunde können dem E-Schock entfliehen, wenn sie über eine Barriere in einen anderen Käfigteil springen, also wenn sie etwas aktiv *tun.*

Sehen wir einmal von den ethischen Bedenken ab, die man gegen solche Versuche haben kann, so sind die Ergebnisse höchst interessant.

Die hilflos gemachten Hunde reagieren eher so, dass sie passiv bleiben, winseln und die Schocks über sich ergehen lassen. Sie können sehen, wie andere Hunde über die Barriere springen, aber sie »glauben« nicht an eine Möglichkeit, dem Schmerz zu entfliehen.

Die auf Flucht trainierten Hunde springen zunächst hilflos im Käfig umher, suchen dann aber nach einer Möglichkeit, dem Schmerz zu entgehen. Sie lernen schnell über die Barriere zu springen.

Die nicht vorbelasteten Hunde springen nach ein paar hilflosen Runden im Käfig ebenfalls über die Barriere.

Die hilflos gemachten Hunde haben gelernt, dass es kein Entrinnen gibt, und suchen daher auch nicht mehr nach einer Fluchtmöglichkeit. Auch außerhalb der Experimente verhalten sich die hilflosen Hunde anders. Die nicht vorbelasteten und die auf Flucht trainierten Hunde bellten und sträubten sich, wenn man sie aus den Zwingern holen wollte. Die hilflosen Hunde aber »erschienen völlig willfährig; sie streckten sich passiv auf dem Boden aus, rollten sich gelegentlich sogar auf den Rücken und nahmen eine unterwürfige Haltung ein; sie übten keinen Widerstand.«[9]

Seligmans Schlussfolgerung nach vier weiteren Forschungsjahren mit über 150 Hunden blieb: Nicht der Schock macht die Hilflosigkeit, sondern die Tatsache, dass der Schock *nicht steuerbar* ist: Es ist die Einstellung, dass man seinem »Schicksal« nicht entgehen kann.

Die hilflosen Hunde zeigten nach einiger Zeit Symptome, die einer reaktiven, das heißt einer von äußeren Ereignissen ausgelösten Depression ähneln: Passivität, Pessimismus, keinerlei Aggression und Wut, verlangsamte Bewegungen, mangelnde Motivation, aktiv zu werden. Manche bekamen außerdem Magengeschwüre und ein struppiges Fell. Auch Katzen, Ratten, Mäuse, Vögel, Affen, Fische, Küchenschaben und Menschen reagierten in vielen verschiedenen Experimenten hilflos. Seligman schloss daraus, dass jeder, der lernen kann, auch hilflos werden kann.

Nun wollten aber Seligman und seine Mitarbeiter diese im Labor erzeugte Depression wieder löschen. Die hilflosen Hunde wurden in Käfige ohne Barriere gesetzt, so dass sie einfach in den stromfreien Käfigteil gehen konnten. Aber die Hunde gingen nicht. Sie hielten passiv die E-Schocks aus.

Dann stieg Seligman in die sichere Käfighälfte und rief verschiedene Hunde. Sie kamen nicht.

Er ließ die Hunde hungern und legte Futter in den stromfreien Käfigteil. Die Hunde rührten sich nicht. Erst als er den Hunden einen Tritt gab und sie damit zu einer Reaktion *zwang*, gingen sie auf die stromfreie Seite.

Erst nach vielen Durchgängen reagierten die Hunde von sich aus mit Flucht. Auch wenn die Trennwand wieder eingesetzt wurde, lernten die hilflosen Hunde, diese zu überspringen. Die Depression war also verlernbar. Und die gelernte Hilflosigkeit ebenfalls.

»Laß dir nicht die Butter vom Brot klauen«

Heidelberg 1977. Ich büffelte für mein Vordiplom in Psychologie. Monatelang hatte ich für die erste Prüfung »Motivation und Lernen« gepaukt. Ich war ruhig, als ich in die Prüfung ging, fühlte mich gut vorbereitet und mir war klar, dass ich die Prüfung bestehen würde. Ich war alles andere als hilflos. Glaubte ich. Der Prüfer fragte ganz harmlos, und wenn ich meine Antwort auszuführen begann, unterbrach er mich und fragte an dieser Stelle ganz detailliert. Bald war ich so in die Enge getrieben, dass ich nur noch hoffte, dass die einstündige Prüfung bald zu Ende sei und ich überhaupt bestehen würde. Ich bekam zunehmend Angst und meine Leistung entsprach nicht mehr meinem Wissensstand. Als ich das Prüfungszimmer mit einer Drei verließ, wusste ich, dass ich meine Strategie ändern musste. Die Diskussion mit anderen Examenskandidaten brachte ans Licht, dass diese nicht so viel paukten, sondern mehr über den Lehrstoff nachdachten und in der Prüfung nicht einfach brav Fragen beantworteten, sondern mit dem Prüfer diskutierten. Sie präsentierten sich als gleichwertige Gesprächspartner. Sie waren nicht »nett«, sondern frech. Meine Wut gab mir die Kraft, mir zu sagen, dass ich mir bei den nächsten Prüfungen nicht mehr die Butter vom Brot klauen lassen würde. Ich nahm mir vor zu kämpfen. Da nun die Prüfungen Schlag auf Schlag kamen, konnte ich dazwischen nicht mehr so viel Stoff in meinen Kopf zwängen. Ich suchte mir eine Lerngruppe, in der ich den Stoff kritisch hinterfragen und diskutieren konnte. Eine solche Gruppe erschien mir vorher als reine Zeitverschwendung. Die nächsten Prüfungen wurden besser, aber ich war immer noch zu leicht zu verblüffen und geriet in Sackgassen. Am Ende der Prüfungsperiode wurde die Lernzeit immer kürzer und die Noten immer besser. Ich hatte gelernt, bei Fragen, auf die ich nicht sofort eine perfekte Antwort wusste, nicht mehr zu reagieren wie ein Käfer, der auf den Rücken gefallen war. Stattdessen fragte ich nach: »Wie meinen Sie das genau? Es gibt da diesen und diesen und diesen theoretischen Ansatz dazu?« Ich kapierte allmählich, was es heißt, sich die Butter *nicht* vom Brot nehmen zu lassen. Aus dem, was vorhanden ist, das Allerbeste zu machen. Oder, wie es einmal jemand formulierte, den Prüfer auf die Oasen in der Wüste zu lenken.

Die Erfahrung, dass das eigene Verhalten etwas Positives bewirkt, ist das beste Mittel gegen Hilflosigkeit.

Leider aber ist Hilflosigkeit meist mit großen Zweifeln gekoppelt, ob ich überhaupt etwas machen kann. Und so versucht man es erst gar nicht. Oder man gibt viel zu schnell auf und lässt sich keine Zeit. Damit gibt man sich auch keine Chance.

Vor 15 Jahren machte ich einen Tenniskurs. Der Trainer war nicht mein Fall und ich nicht der seine. Er versuchte mir Vorhand und Rückhand beizubringen, indem er mir immer sagte, was ich *falsch* gemacht hatte. Er lobte mich nie. Dies führte dazu, dass ich nur noch auf meine Griffstellung achtete und nie einen Ball traf. Irgendwann meinte er: »Ich mache drei Kreuze, wenn du aufhörst.« Nach dem Kurs verkaufte ich meinen Schläger und spielte nie wieder Tennis.

Ungezählte Kinder werden täglich in der Schule hilflos gemacht, zumindest vorübergehend.

Die Psychologen Dweck und Ripucci machten einen Versuch mit zehnjährigen Schülern. Diese bekamen von einem Versuchsleiter unlösbare Aufgaben gestellt. Als sie dadurch gründlich verunsichert waren, bekamen sie lösbare Aufgaben. Sie lösten diese wesentlich schlechter als andere Schüler, die gleich mit den lösbaren begonnen hatten. Erst als die hilflos gemachten Schüler einen anderen Versuchsleiter bekamen, konnten auch sie die lösbaren Aufgaben lösen[10]. Hängt also »Dummheit« auch vom Lehrer ab? Wir alle kennen aus unserer Schulzeit Lehrer, bei denen wir keine gute Leistung zustande brachten, obwohl wir in ihrem Fach nicht unbegabt waren.

Wie haben sich denn Lehrer Ihnen gegenüber verhalten, bei denen Sie gute Leistungen erbrachten? Ich nehme an, sie lobten Sie, sie waren Ihnen wohlgesonnen und verziehen Ihnen auch mal einen Ausrutscher. Und sie hatten Humor. Sie haben es geschafft, ein lernförderliches Klima zu schaffen.

Manche Eltern glauben, dass sie ihre Kinder zu tollen Leistungen anspornen, wenn sie sie nie loben und dazu noch mit anderen – natürlich vorbildlichen – Kindern vergleichen.

Margitta: »Meine Eltern erwarteten von mir immer Einsen. Andere Noten gab es überhaupt nicht für sie. Brachte ich mal eine Zwei nach Hause, dann hieß es, dass es das nächste Mal besser werden müsse. Aber wenn ich eine Klassenarbeit hatte, dann haben sie nie vorher mit mir geübt. Auch bei den Hausaufgaben haben sie mir nie geholfen. Dass sie stolz auf mich waren, habe ich nur indirekt erfahren, da sie bei den Nachbarn und Verwandten mit meinen Leistungen prahlten.«

Margitta wurde demotiviert. Aber sie wusste immerhin, dass sie – wenn sie eine Eins brachte – gut genug war. Da sie eine gute Schülerin war, bekam sie trotz der hohen Leistungsanforderung ihrer Eltern noch Anerkennung und Streicheleinheiten.

So reagierte Margitta nicht total hilflos. Sie konnte noch etwas tun (sich in der Schule anstrengen und zu Hause viel pauken), um »geliebt« zu werden.

Monika hatte Erfahrungen gemacht, die sie hilfloser gemacht haben als Margitta. Hatte sie eine gute Note, dann meinte der Vater verächtlich: »Der Test wird entsprechend einfach gewesen sein.« Hatte Monika eine mittelmäßige oder schlechte Note, dann war sie dumm und faul.

Es war nie »richtig«. Ihre Mutter lamentierte, dass sie so viel arbeiten müsse und keiner ihr im Haushalt helfe. »Wenn ich ihr dann aber half und den Küchenboden schrubbte, dann dauerte es keine halbe Stunde und meine Mutter schrubbte ihn nochmals. Er war natürlich nicht sauber genug. Fast alle Arbeiten kontrollierte sie und machte sie dann noch einmal besser. Dies führte bei mir zu einer unbändigen Wut, Groll und Verbitterung«, sagte Monika. Sie bekam das Gefühl, dass sie nicht gut genug ist und dass sie nichts richtig gut kann. Monika versucht immer noch, es allen recht zu machen und endlich die Anerkennung dafür zu bekommen, die sie schon als Kind nicht bekommen hat.

Die anderen sind alle besser

Wenn Monika sich mit anderen vergleicht, dann schneidet sie immer schlecht ab. Nicht, weil das, was sie zu bieten hat, »schlecht« wäre, sondern weil es im Lichte dessen, was die anderen zu bieten haben, einfach verblasst.

Monika: »Neulich wollte ich abends mit meiner Freundin Anke ins Kino gehen. Ich machte mich schick und gefiel mir auch. Ich trug eine edle Jeans, einen hellgrünen Body und ein Jackett, das perfekt zu beidem passte. Als ich wegging, fühlte ich mich noch total wohl. Als ich dann bei Anke ankam und sie sah, rutschte meine Laune auf Null. Anke trug eine teure dunkelbraune Lederjacke, cremefarbene Hosen und sehr elegante dunkelbraune Schuhe. Schlagartig bewertete ich meine Kleidung als schäbig und billig. Das Hellgrün des Bodys und das Hellblau der Jeans wirkte schräg. Ich schämte mich. Außerdem fand ich mich plötzlich viel zu fett. Fast den ganzen Film über konnte ich mich nicht von meinen negativen Gedanken freimachen.«

Vor dem Weggehen fand Monika ihre Kleidung noch ganz in Ordnung. Mit dem Vergleich bewertete sie sich negativ. Aber nicht nur das, sie empfand ihre Kleidung plötzlich unpassend und verdarb sich selbst vor Scham den ganzen Abend.

»Meine Klamotten sind nicht schön genug, also darf ich mich auch nicht amüsieren«, hieß Monikas Einstellung. Es wäre ja auch denkbar gewesen, dass der Vergleich mit Anke für Monika ungünstig gewesen wäre, aber dass Monika einfach ihre Klamotten nicht mehr beachtet und das Beste aus dem Abend herausgeholt hätte. Die Scham vernebelte ihr Gehirn. Monika ahnt bereits, dass ihr schlechtes Abschneiden beim Vergleich nichts mit ihrer Kleidung zu tun hat, sondern mit ihrem Selbstwertgefühl. Ist dieses niedrig, schneidet sie schlecht ab.

»Eigentlich gefällt mir meine Wohnungseinrichtung ganz gut. Aber wenn ich zu Freundinnen komme, die irgendwie geschmackvoller, moderner oder teurer eingerichtet sind, dann werde ich neidisch. Dann komme ich nach Hause und meine alles umkrempeln zu müssen.

Manchmal kaufe ich ein paar neue Küchenutensilien oder ein neues Tischtuch. Meist legt sich diese Unzufriedenheit nach ein paar Tagen wieder«, sagt Margitta.

Ein extremes Beispiel erzählte mir Anne, eine junge Ärztin: »Ich komme aus der Arbeiterschicht und ein Arzt war bei uns zu Hause eher etwas Besonderes, Höherstehendes. Seit kurzem arbeite ich auf Station und ertappe mich öfters dabei, dass ich mich gar nicht als Ärztin fühle und mich Kollegen gegenüber unterwürfig verhalte. Ich gehorche ihnen fast. Dann sage ich mir innerlich immer wieder, du bist auch Ärztin, du bist gleichwertig. Aber glauben tue ich es nicht richtig. Das bestürzt mich. Die anderen nehmen mich dann vielleicht irgendwann nicht mehr für voll.«

George Bernard Shaw beschrieb dieses Gefühl der Scham und der Minderwertigkeit so: »Ein Club, der mich aufnehmen würde, der käme für mich nicht in Frage.« Denn dieser Club kann ja nichts taugen.

Besonders häufig zeigt sich die Abwertung dessen, was man hat bzw. was man haben könnte, in Liebesbeziehungen.

Monika: »Ich kann mich noch gut an meine Teenagerzeit erinnern. Die Jungs, die sich für mich interessierten, fand ich immer doof. Die Jungs, die ich nicht haben konnte, fand ich meist toll. Meinen ersten Freund akzeptierte ich nur, weil er auch noch anderen Mädchen gefiel. Bei meinem Mann war es ähnlich. Bevor wir geheiratet haben, hatte ich mehrmals mit ihm Schluss gemacht. Wenn ich ihn dann mit anderen Frauen sah, wurde er für mich wieder attraktiv und ich wollte ihn wiederhaben.«

Als Teenie probiert man natürlich herum, und das ist auch gut so. Man soll schließlich herausfinden, auf welchen Typ Mann man steht und auf welchen nicht. Das Herumexperimentieren soll aber kein Spiel werden, bei dem die Freundinnen den Sieger bestimmen. Es geht nicht darum, nach außen zu gefallen, sondern seinen eigenen Geschmack zu finden.

Ein Grund, warum es zu netten Frauen so schwer fällt, ihren eigenen Geschmack zu entwickeln, liegt im Umgang ihrer Eltern mit dem sich entwickelnden Geschmack der Tochter.

Solange die Tochter ein Baby ist, müssen die Mütter für dieses Baby mitdenken und handeln. Das Baby »gehört« einem noch ganz und man kann es süß anziehen, ohne dass es sich wehren kann. Wenn das Kind dann irgendwann im Kindergarten seinen eigenen Geschmack entwickelt, muss man als Mutter ein Stück Macht an das Kind abgeben. Ich kann mich noch gut an jenen Morgen erinnern, als mein damals vierjähriger Sohn Matthias sich nicht kämmen lassen wollte. Die Zeit drängte. Ich wollte ihn zum Kindergarten bringen und dann arbeiten gehen. Matthias rannte durch die ganze Wohnung und ich mit der Haarbürste hinter ihm her. Als ich ihn dann eingeholt hatte, kämmte ich ihm im Laufen die Haare. Matthias rannte zum nächsten Spiegel und zerzauste sich die Haare wieder gründlich. Da fing ich an zu denken. Warum ist es mir als Mutter so wichtig, dass das Kind gekämmt in den Kindergarten kommt?

Ich fand die Antwort. Ich befürchtete, dass die Kindergärtnerin denken könnte: »Typisch berufstätige Mutter. Hat wohl morgens keine Zeit mehr, ihr Kind zu kämmen?«

Dann fragte ich mich, ob es mir wirklich so wichtig war, was die Kindergärtnerin dachte. Ich entschied mich für »nein« und ließ das Kind gehen, wie es war.

Diese kurze Episode soll zeigen, in welch alltäglichen Situationen Kindern der »gute Geschmack« beigebracht wird.

»Was sollen denn die Nachbarn denken, wenn du so herumläufst?« bekam Monika zu hören, wenn sie mit Minirock und rotgefärbten Haaren in die Disco wollte. »Was sollen denn die

Nachbarn denken?« bekam sie zu hören, wenn junge Männer auf Motorrädern vor dem Haus aufkreuzten.

Sie bekam es zu hören, wenn sie Weihnachten nicht bei ihren Eltern verbrachte, wenn ihre Kinder mit verschmiertem Mund auf die Straße gingen oder mit löchrigen Socken.

Die Nachbarn oder die »Leute« als moralische Instanz. Alle Leute denken manchmal an die Nachbarn, weil wir ja Teil einer Gemeinschaft sind. Das ist nicht der Punkt. Problematisch wird das Ganze, wenn wir uns für die »Leute« nach außen präsentieren und bei Nichtgefallen diesen Leuten die Macht geben, über unsere Gefühle zu bestimmen.

Monikas Eltern wollten eine Tochter, auf die sie stolz sein konnten. Dazu musste die Tochter für Monikas Eltern »perfekt« sein, auch was Kleidung und Auftreten betraf. Monika sollte ihnen Ehre machen. Vielleicht fiel dann für die Eltern auch ein bisschen Achtung und Anerkennung ab.

Alles andere rief bei Monikas Eltern Scham hervor. Hätten sie diese Scham spüren müssen, so hätten sie sich auch mit ihr auseinander setzen müssen. Dies wäre für Monikas Eltern eine Chance gewesen, sich zu entwickeln.

Monika war aber eine »brave« und schamsensible Tochter, und so nahm sie den Eltern diese Arbeit an sich und ihren Gefühlen ab. Die Eltern lernten nichts dazu, und Monika wurde immer »netter«.

Warten und schnell aufgeben

Gelernte Hilflosigkeit wirkt sich auch so aus, dass man bei Problemen nicht einfach die Ärmel hochkrempelt und sich an die Lösung macht. Aber auch wenn man sich an die Lösung macht, so kann einen die Hilflosigkeit immer noch dazu überlisten, zu früh aufzugeben.

Warum können so viele Frauen schlecht mit Hammer, Schraubenzieher oder Bohrmaschine umgehen? Weil sie zu

Hause immer einen Mann (Vater, Großvater, Bruder, Onkel, Ehemann oder Freund) hatten, der ihnen den Hammer aus der Hand nahm und sagte: »Laß mal, du kannst das nicht. Ich mache das schon.«

Als Frau durften sie dann hinterher den Dreck wegmachen. Aber die Frau lernte auf diese Art und Weise nichts dazu. Wenn ihr bereits als Kind der Hammer aus der Hand genommen wurde, dann bringt sie später, wenn sie es noch einmal versucht, meist auch kein tolles Ergebnis, sondern pfuscht. Dies wiederum hat einen negativen Einfluss auf das Selbstwertgefühl. Durch Selbstvorwürfe (»ich bin halt ungeschickt«) und eine niedrige Erwartung an das Ergebnis der Arbeit (»das wird sicher wieder Pfusch«) geht die Motivation, es doch noch mal zu versuchen und durchzuhalten, in die Knie.

Ich kann mich noch gut erinnern, wie ich vor Jahren einmal »heimlich« im Keller ein Regal aufbaute. Ich hatte kaum Werkzeug und es musste schnell gehen, bevor ein geschickter Heimwerker nach Hause kam. Als er kam, stand das Regel und ich war mächtig stolz. Auch die Bemerkung, dass man »die Schrauben nochmals nachziehen müsse«, konnte meinem Stolz keinen Abbruch mehr tun.

Das Wissen, dass man etwas ganz alleine geschafft hat, gibt enorm Selbstvertrauen und lässt die Motivation, es wieder zu tun, in die Höhe schnellen.

Wie viele Mütter beklagen sich, dass es mühsam ist, ihre Kinder bei Hausarbeiten anzulernen. »Da mache ich es lieber selbst. Das ist weniger Arbeit«, sagen sie. Das stimmt nur für den Moment. Das Zeigen ist eine Investition in die Zukunft, die sich für Mutter und Kind später auszahlt.

Hilflose Frauen sind auch oft unselbständige Frauen. Verheiratete Frauen haben ihre frühere Selbständigkeit »abgegeben«, weil sich »jetzt der Mann um die Finanzen, ums Auto oder um die Steuer« kümmert. Oft wissen sie nicht einmal, wie viel der Mann verdient. Sie wissen (nicht mehr), wie man einen Scheck ausfüllt, das Auto auftankt, zum TÜV fährt oder ein Fahrzeug zulässt. Sie wissen nicht mehr, wie man Bewerbungsunterlagen zusammenstellt, ein Gespräch mit der Bank führt oder wie man sich in einer fremden Stadt zurechtfindet. Sie würden nie alleine in Urlaub fahren. Sie legen über jeden Pfennig Haushaltsgeld Rechenschaft ab und fragen, ob sie sich ein Paar Sandalen kaufen dürfen. Sie haben den Status eines unselbständigen Kindes. Mit dem Unterschied, dass ein Kind immer selbständiger wird und sie immer unselbständiger. Sie treffen keine Entscheidungen mehr. Es wird über sie entschieden.

Die übelste Variante des »Was möchtest du?«-Spiels heißt: »Entscheide du, damit ich meckern kann.« Und das geht so: Man frage seinen Mann (seine Kinder, seine Eltern oder seine Freunde oder Verwandten), was er oder sie morgen essen möchten (oder wo sie Urlaub machen möchten, oder wo sie sonntagnachmittags hingehen möchten). Wenn dann Spaghetti mit Soße und Salat gewünscht werden, dann kochen Sie Spaghetti mit Soße und Salat. Wenn Sie dann beim Essen sitzen, dann fangen Sie gleich an zu meckern. »Immer diese Nudeln. Ich kann sie nicht mehr sehen. Die machen ja so dick. Ich glaube, ich habe wieder zugenommen. Bald brauche ich neue Hosen. Aber wir haben ja kein Geld. Eigentlich könntest du ja auch mehr verdienen, bei der vielen Arbeit, die sie dir in der Firma aufbürden. Da hättest du echt mehr verdient. Ich kann ja nicht mitarbeiten. Wüsste gar nicht, wie ich das alles schaffen sollte, täglich einkaufen und kochen und dann noch arbeiten …«

Mahlzeit.

Hilflosigkeit, Ohnmacht und Co-Abhängigkeit

Ein verliebtes Paar steht eng umschlungen am Meer.

»Rollt, ihr Wogen, rollt!« deklamiert der junge Mann gefühlvoll.

»Liebster, du bist wunderbar«, flüstert das Mädchen. »Schau nur, sie tun es!«

Diesen Witz las ich neulich in meiner Fernsehzeitschrift. Ein Mann muss ihn geschrieben haben, denn für Männer sind hilflos bewundernde Frauen dumme Frauen. Witzfiguren.

Wie werden Frauen nur so hilflos?

Einige hilflos machende Erziehungsmaßnahmen haben wir ja bereits kennengelernt. Es gibt aber noch viel mehr davon. Subtilere vor allem. Diese sind besonders gefährlich, weil sie meist »gut gemeint« sind und nicht auf Anhieb durchschaut werden.

Es fängt meist schon in den Windeln an. Da wurden bereits viele von uns im Vier-Stunden-Rhythmus gefüttert. Das machte man früher so (manche Mütter machen es auch heute noch), um dem Kind einen Rhythmus beizubringen. Der Rhythmus soll der Mutter ein bisschen Ruhe zwischendurch bescheren. Tut er auch, aber erst, wenn das Kind resigniert hat. Wenn die Mutter sehr konsequent ist, dann dauert das auch nicht lange. Warum ein Vier-Stunden-Rhythmus hilflos machen kann? Weil der Säugling normalerweise sein Schreien einsetzt, um die Mutter zu bestimmten Handlungen zu kriegen. Zum Füttern zum Beispiel. Reagiert sie aber auf sein Schreien konsequent nicht, dann lernt er (oder sie), dass sein Schreien nichts bewirkt. Das ist Hilflosigkeit. Das Essen kommt unabhängig von seinem Handeln. Er hat keinen Einfluss darauf. Ein »braver« Säugling lernt schnell und gibt sein Schreien auf. Wenn die Mutter das Kind dann auch nicht aus dem Bettchen nimmt, wenn das Kind es möchte (um sich vom Kind nicht »auf dem Kopf herumtanzen« zu lassen), so bekommt das Kind den Eindruck, dass es keinen großen Einfluss auf das Verhalten seiner Mutter hat. Mütter verhalten sich gegenüber Mädchen und Jungen unterschiedlich. Es gibt Untersuchungen, die belegen, dass Jungen länger gestillt werden als Mädchen.

In einer anderen Untersuchung gab man Müttern Babygeschrei vom Band zu hören und sagte ihnen, es sei ein Junge. Auf die Frage, weswegen er wohl weine, antworteten die Mütter überdurchschnittlich häufig: Aus Wut. Glaubten sie, dass das weinende Kind ein Mädchen sei, dann sahen sie eher Angst als Ursache an.

Mütter überschätzten auch die Intelligenz von Jungen. Bei Mädchen wurde eher die psychische Stabilität überschätzt. Die Mädchen gelten dann als eher ausgeglichen, ruhig und pflegeleicht.

Marianne Grabrucker, die in ihrem Buch »Typisch Mädchen« die Sozialisation ihrer Tochter bis zum Alter von drei Jahren beschreibt, schildert eindrucksvoll, wie sich Mädchen in banalen Situationen anpassen müssen und den Jungen ihr egozentrisches Verhalten nachgesehen wird. Ihre zweijährige Tochter tanzte mit zwei gleichaltrigen Jungen zu Musik um ein Schaukelpferd herum. Die Jungen rennen einfach drauflos. Ob es einen Zusammenstoß gibt, interessiert sie nicht. Nach drei Zusammenstößen weicht das Mädchen jedes Mal so aus, dass kein Zusammenstoß mehr passiert. Das Mädchen denkt voraus, nimmt das Verhalten der Jungen vorweg und erbringt eine Anpassungsleistung für beide. Die Mütter der Jungen sagen nichts dazu.

»Die Mütter fordern keine Anpassung an das Mädchen, sondern nehmen im Gegenteil die Leistung des Mädchens als Selbstverständlichkeit hin.«[11]

Hier ist das Mädchen nicht hilflos, da ja sein Verhalten etwas bewirkt (oder verhindert), aber das Mädchen tut es für andere. Es ist »nett«!

Später geht es dann mit der »Hilflosigkeitserziehung« so weiter, dass alles zu gefährlich ist, was sich außerhalb des Einflussbereiches der Mutter abspielt.

Monika: »Als Kind durfte ich vieles nicht. Wollte ich mit zwölf Jahren mit Freundinnen ins Schwimmbad gehen, dann hieß es, da kann man ertrinken. Und ich musste dableiben. Wollte ich im Winter Schlittschuh fahren gehen, hieß es, das Eis könnte einbrechen. Wollte ich reiten gehen, dann hieß es, da kann man sich das Genick brechen. Wollte ich auf einen Baum klettern, dann hieß es, da können Äste abbrechen und du fällst herunter. Irgendwann saß ich nur noch zu Hause und habe gelesen. Heute bin ich, was Sport und Spiel betrifft, völlig untrainiert und unerfahren. Ich kann Gefahren gar nicht abschätzen. Wenn ich mit Mann und Kindern auf den Spielplatz gehe, dann toben die drei herum und rutschen von der großen Rutsche. Ich stehe nur daneben und achte darauf, dass die Kinder ihre Mützen auf- und ihre Jacken zuhaben. Warum gehe ich überhaupt noch mit auf den Spielplatz? Ich könnte auch zu Hause bleiben und etwas anderes machen.«

Warum eigentlich? Warum überwindet sich Monika nicht und rutscht ebenfalls von der Rutsche? Oder tobt herum? Wahrscheinlich hat sie nicht die richtigen Schuhe an. Glaubt sie. Die Gründe liegen viel, viel tiefer. Viele Frauen mussten als Kinder ihren Müttern im Haushalt helfen. Dagegen ist an und für sich nichts einzuwenden. Nur mussten manche »zu nette« Frauen ihre Brüder bedienen. Und dagegen ist manches einzuwenden. Sie waren weniger wert als die Brüder. Sie wurden zur Hausfrau erzogen, die sich ganz selbstverständlich um den Dreck der anderen zu kümmern hatten. Und um ihr Wohlergehen.

Monika: »Auch wenn heute Besuch zu uns kommt, sagen es alle immer mir, wenn etwas am Tisch fehlt. Ganz selbstverständlich. Inzwischen renne ich nicht mehr immer sofort in die Küche und hole die Sachen, sondern schicke auch schon mal Mann und Kinder.«

Zu weit treibt es Monika aber nicht mit ihrer Verweigerungshaltung, denn sie bekommt dann ganz schnell Schuldgefühle. Auch »darf« sie nicht einfach vom Spielplatz nach Hause gehen oder gleich zu Hause bleiben. Dort könnte sie ja einfach machen, was *sie* will. Auch dies macht Schuldgefühle.

Monika musste ihrer Mutter zwar im Haushalt helfen, aber nur zu Mutters Bedingungen. Sie musste das Gemüse so schneiden, wie Mutter es haben wollte. Sie musste die Schnitzel so braten, wie Mutter es haben wollte. Aber wenn sie sich als Teenager abends noch eine Kleinigkeit brutzeln wollte, dann schritt die Mutter ein: »Kinder machen nur Dreck in der Küche.«

»Selbst wenn ich versprach, alle Töpfe und Schüsseln wieder zu spülen und aufzuräumen, durfte ich nicht alleine kochen. Das Aufräumen war meiner Mutter nicht gut genug«, erinnert sich Monika.

Monika durfte nur »fremdbestimmt« kochen, aber nicht »selbstbestimmt«. So lernte sie nicht, aus Fehlern zu lernen. Und sie bekam kein Vertrauen in ihre küchentechnischen Fähigkeiten. Wie gerne hätte sie mal ein ganz neues Gericht ausprobiert. Die Folge ist, dass Monika heute »ganz anders« kocht als ihre Mutter. Sie meidet deutsche Hausmannskost. Nicht weil sie ihr nicht schmeckt, sondern weil sie »der Mutter gehört«. Sie hat sich ihren eigenen Bereich geschaffen, indem sie neue Gerichte kochen lernte nach Rezept. Und sie ist zufrieden damit.

Immerhin ist es Monika gelungen, den Bereich rund ums Kochen und Essen für sich zu »erobern«. In anderen Bereichen tut sie sich viel schwerer.

Monikas seelische Bedürfnisse wurden in ihrer Herkunftsfamilie stark vernachlässigt und deshalb vernachlässigt sie diese Bedürfnisse heute selbst.

Sie kann nicht sagen, wie es ihr geht. Sie kann aber ganz genau sagen, wie es ihrem Mann, ihren Kindern und ihrer Katze geht. Sie weiß nicht, wie *sie* die Dinge haben will, aber sie weiß ganz genau, wie die Dinge *sein sollten.*

Frauen wie Monika werden auch als co-abhängig bezeichnet. Der Begriff Co-Abhängigkeit bezog sich ursprünglich auf die Frauen von Alkoholikern. Denen wird nachgesagt, dass sie ein unbewusstes Interesse am Trinkverhalten ihres Mannes haben. Das Verhalten des Alkoholikers und der co-abhängigen Frau (lat. co = mit) passen ineinander wie Schlüssel und Schloss (z. B. sie nörgelt, weil er trinkt, er trinkt, weil sie nörgelt). Heute wird Co-Abhängigkeit für eine Frau verwendet, deren Kernidentität unterentwickelt ist und die eine falsche Identität aufrechterhält. Diese falsche Identität ist die Folge ihrer Abhängigkeit von äußeren »Sicherheiten« wie dem Mann, dem Status, der Familie, dem Aussehen, bestimmten Normen oder der Arbeit.

Charlotte Kasl definiert Co-Abhängigkeit so: »Co-Abhängigkeit ist ein Leiden an der sozialen Ungleichheit, wobei der Angehörige einer Minderheit in einer Gesellschaft leben muss, deren Regeln von anderen gemacht werden. Der Co-Abhängige weiß mehr über die Mächtigen als über sich selbst.«[12]

Co-abhängige, »zu nette« Frauen sind die »idealen« Ehefrauen und Mütter. Sie setzen immer den Mann an die erste Stelle. Sie tun alles für ihre Kinder. Sie denken nie an sich selbst. Sie sind immer geduldig, freundlich und beklagen sich nie. Dabei wird vergessen, dass die co-abhängige Frau aus Angst zu »nett« ist. Sie fürchtet sich vor der Mißbilligung anderer. Sie leidet unter Existenzängsten. Sie fürchtet, ihr Partner könnte sie verlassen, wenn sie zu aufmüpfig wird. Und sie fürchtet sich vor Streit, vor Konflikten.

Kasl: »Wenn man diese Rolle hat, dann darf man nicht nach innen fühlen; dann muss man immer nett sein.«[13]

5. Wohlverhalten

»Sei doch wieder gut!«

Thorsten und Silke sind ein junges Paar. Seit drei Monaten haben sie eine gemeinsame Wohnung. Thorsten arbeitet bei einer Computerfirma und ist dort für den Kundendienst zuständig. Silke ist Erzieherin. Beide bezeichnen sich als glücklich in ihrer Beziehung.

Silke betreut eine Frühgruppe und ist gegen halb drei nachmittags zu Hause. Da Thorsten immer lange arbeitet und oft bis acht Uhr abends bei Kunden sitzt, hat Silke viel mehr Zeit, in der sie zu Hause ist. Dann macht sie schon mal die grobe Hausarbeit, damit sie in der gemeinsamen Zeit »etwas voneinander haben«. Wenn Thorsten dann nach Hause kommt, ist er meist kaputt. Beim Kundendienst muss er Reklamationen bearbeiten und bekommt oft den Unmut der Kunden zu spüren. An diesem Abend sind Silke und Thorsten zu einer Geburtstagsfeier eines gemeinsamen Freundes eingeladen. Die Feier beginnt erst um 22 Uhr. Silke hat ein paar Brote als Abendessen vorbereitet und eine Kanne Tee gekocht. Sie wartet nun auf Thorsten. Endlich Viertel vor neun dreht sich der Schlüssel im Schloss. Thorsten kommt in die Küche. Er gibt Silke einen flüchtigen Kuss auf den Mund. »Tut mir leid, dass es so spät geworden ist. War bis jetzt bei einem Kunden. Die Kiste lief einfach nicht. Ich musste ein Modul auswechseln. Hat lange gedauert.« Er legt Mantel und Schuhe ab und kommt in die Küche zurück. Silke sitzt schon am schön gedeckten Tisch. Thorsten setzt sich dazu, nimmt ein Schinkenbrot, beißt herzhaft hinein und greift sich die Tageszeitung.

»Was meinst du, soll ich den kurzen roten Rock mit dem weißen Body anziehen oder das kleine Schwarze?« fragt Silke. »Mir egal«, kaut Thorsten. »Aber du hast doch neulich gemeckert, weil das schwarze Kleid hinten so kurz ist und man dann meine dicken Schenkel sehe«, wirft Silke ein. »So, habe ich das? Kann mich nicht erinnern. Du kannst es trotzdem anziehen«, sagt Thorsten desinteressiert. Silke zieht sich um. Thorsten liest. Er macht keine Anstalten, sich umzuziehen. Silke kommt im Partykleid herein. »Wie gefalle ich dir?« fragt sie kokett und tanzt im Kreis. Thorsten schaut höflichkeitshalber kurz auf. »Gut, gut«, murmelt er. »Willst du dich denn nicht umziehen? Es ist gleich Viertel nach neun«, mahnt Silke. »Nö, ich lasse an, was ich anhabe«, murmelt Thorsten. Nach zwei weiteren Broten faltet Thorsten die Zeitung zusammen. »Bist du fertig?« fragt er zum Badezimmer hin. Silke kommt heraus. »Ich weiß nicht, ob diese gemusterten Strümpfe zu gewagt sind. Meinst du, ich kann die anziehen?« Silke ist unsicher. Thorsten soll entscheiden. »Wieso, die sehen doch toll aus. Ich weiß nicht, was daran gewagt sein soll.« Thorsten ist jetzt leicht genervt. Silke lässt die Strümpfe an. Sie zieht ihren Mantel an, nimmt ihre Handtasche und sie verlassen die Wohnung. Thorsten ist in Gedanken weit weg. »Hast du etwas?« fragt Silke auf dem Weg zum Auto. »Was soll ich haben? Ich denke noch an die Kiste des Kunden.« Silke schaut etwas ängstlich auf Thorsten. Thorsten setzt sich ans Steuer. Schweigend lenkt er das Auto. Silke sieht ihn von der Seite an. »Doch, du hast etwas. Ich sehe es dir genau an. Warum sprichst du nicht mit mir? Hat es etwas mit mir zu tun?« Silkes Stimme ist jetzt weinerlich.

Thorsten atmet hörbar ein. »Hör zu, Silke, ich habe nichts. Ich überlege nur, wie ich meinem Chef morgen beibringe, dass ich den einen Kunden heute nicht mehr besucht habe. Die Zeit hat einfach nicht mehr gereicht. Ich hatte es aber versprochen gehabt. Und abgesagt habe ich auch nicht. Hab's vergessen. Reicht das?«

»Ja, ja, kann ich verstehen. Es ist nur so komisch, wenn du gar nichts sagst. Dann glaube ich immer, ich habe etwas falsch gemacht.«

Silke ist innerlich sehr unsicher. Sie hat keine eigenen Maßstäbe. Thorsten soll ihr sagen, wie es richtig ist. Sie tut alles, um es ihm recht zu machen.

Das ist Wohlverhalten: Wenn jemand stillschweigend alles so macht, wie es der andere (vermeintlich) gern hat. Wenn er dem anderen die Wünsche von den Augen abliest. Aber: Man kann dem anderen Wünsche von den Augen ablesen, weil man ihm eine Freude machen möchte. Und man kann es zwanghaft tun, weil in dem Moment, wo man die Wünsche spürt und sie nicht erfüllt, Angst aufkommt.

Silke fühlt sich schnell schuldig und möchte dann die »Schuld« ganz schnell wieder gutmachen.

Sie wird »zu nett«.

Eine Quelle, die das Wohlverhalten speist, ist die Angst. Eine andere ist die eigene Bedürftigkeit.

Man »braucht« den anderen. Das Motto ist: Wenn ich zu dir nett bin, dann musst du auch zu mir nett sein. Dann opfere ich lieber meine eigene Meinung. Früher brachten die Menschen den Göttern Opfer, um sie zu besänftigen und sie gnädig zu stimmen. Das Opfer der eigenen Bedürfnisse und der eigenen (abtrünnigen) Meinung besänftigt dann den Menschen, von dem man abhängig ist oder sich abhängig glaubt.

Was kurzfristig beruhigt, macht langfristig Angst. Weil man glaubt, nur auf Grund seines »willfährigen Wesens« geduldet zu werden. Je »netter« wir werden, desto weniger können wir glauben, dass wir auch frecher, selbstbewusster und souveräner geliebt und anerkannt werden. Ein Teufelskreis setzt sich in Gang.

Die Tyrannen besänftigen

Silke kann sich noch gut erinnern. Als sie noch ein Kind war, haben ihre Eltern viel gestritten. Die Mutter war schnell aufbrausend. Dem Vater rutschte leicht die Hand aus, wenn die Mutter ihn provozierte.

»Es war dann den ganzen Abend Geschrei und Gekeife. Meist ging es ums Geld oder um die Kindererziehung. Ich zog mich dann in mein Zimmer zurück, wenn ich konnte. Manchmal war ich aber der Streitpunkt und sie brüllten auf mich ein. Das war furchtbar und ich wäre am liebsten gestorben. Dann versuchte ich mich auszublenden. Das ging so, dass ich mich einfach wegdachte. Ich zählte die Blümchen auf den Vorhängen oder dachte mir Rechenaufgaben aus. So konnte ich diese schrecklichen Minuten und Stunden überstehen.«

Wie kommt ein Kind mit einer solch unerträglichen, bedrohlichen Stimmung zurecht? Es entwickelt Mechanismen, die es oft bis ins Erwachsenenalter beibehält. Wohlverhalten ist einer der Mechanismen, Ausblendung von Gefühlen ein anderer.

In meinem Fragebogen ging ich den Mechanismen nach, die Frauen als Kinder entwickelten. Meine Frage:

»Stellen Sie sich vor, Sie sind acht Jahre alt und Ihre Eltern sind böse auf Sie und Sie wissen nicht so recht, warum. Was hätten Sie in diesem Alter vermutlich getan, um sie zu besänftigen?«

Dies sind einige Antworten:

»Mich zurückziehen oder weglaufen zu einer Freundin.«

»Mir noch mehr Mühe geben, um den Eltern zu gefallen; wäre ordentlich, still, unauffällig, hilfsbereit und höflich gewesen«.

»Artig sein, still sein, nicht auffallen, um Schläge zu vermeiden«.

»Lieb sein, hilfsbereit.«

»Etwas im Haushalt machen.«

»Einen besänftigenden Brief schreiben, die Küche aufräumen, putzen, Rasen mähen.«

»Schlechtes Gewissen gehabt, weinen, Besserung versprechen.«

»Fleißig sein, Hausarbeit.«

»Reue gezeigt, mich unsichtbar gemacht.«

»Mich verhalten, als wäre nichts gewesen.«

»Hätte alle kindlichen Bedürfnisse ausgeblendet: Rückzug in imaginäre Welten, Fantasie, Religion.«

»Wäre unglücklich gewesen, still, gedrückt.«

»Arsch kriechen; genau das tun, was die Mutter will, ihr schmeicheln; den Vater um Schläge betteln, damit alles wieder gut ist.«

»Fragen stellen und auf die Eltern eingehen.«

Am meisten hat mich eine Antwort betroffen, die die Hälfte der Frauen gab. Sie hätten alle »Schuld« auf sich genommen, blind. Und sie wären bereit gewesen, diese »Schuld« wieder »gutzumachen«.

Eine Frau schrieb: »Ich habe mir in solchen Situationen selbst Verletzungen zugefügt. Einmal habe ich eine leere Milchflasche fallen lassen und mir damit den Arm zerkratzt. Als meine Eltern Blut sahen, vergaßen sie den Groll gegen mich und verarzteten mich.«

Silke: »Meine Eltern haben sich bei mir nie entschuldigt. Einmal sollte ich mein Zimmer aufräumen. Ich sagte, ich hätte keine Lust. Meine Mutter erwartete aber Besuch und wollte mit ihrer ordentlichen Tochter angeben. Ich machte ihr mit meinem Verhalten einen Strich durch die Rechnung. Sie sperrte mich den ganzen Nachmittag in mein Zimmer und erst am Abend durfte ich wieder heraus. Dann sollte ich mich entschuldigen. Ich wusste nicht wofür. Eigentlich fand ich das, was meine Mutter mit mir gemacht hatte, viel schlimmer als das, was ich gemacht hatte. Irgendwann sah ich, dass ich keine Chance hatte, und entschuldigte mich.«

Silke lernte: Wenn in der Familie Missstimmung herrscht, bin möglicherweise ich schuld. Wenn meinetwegen Missstimmung herrscht, dann tue ich gut daran, mich gleich zu entschuldigen und mir zu überlegen, wie ich's wieder gutmachen könnte.

Und genauso verhält sie sich Thorsten gegenüber. Sie versucht seine Wünsche zu erraten, sie zu erfüllen, geht auf ihn ein, macht den Haushalt, zieht sich nach seinen Wünschen an, überlässt ihm das Steuer. Sie macht sich »lieb Kind« – Kind!

Aus Angst vor Strafe

Die kleinen Mädchen wussten, wie sich die Eltern ein »braves« Kind vorstellten: still, schuldbewusst, leicht manipulierbar, zu allem bereit, was die Eltern wollten, gefügig, angepasst.

Ich wollte wissen, was passierte, wenn die Wut der Eltern in einer Strafe gipfelte.

»Anschreien, schlagen, ins Zimmer sperren.«

»Hausarrest, anbrüllen.«

»Drei Tage nicht mit mir sprechen, Ohrfeigen.«

»Schweigen, schlechtes Gewissen machen.«

»Versprechungen zurücknehmen, Erpressung.«

»Schläge mit dem Kleiderbügel.«

Bei sieben Frauen kamen noch sehr angstbesetzte Strafen hinzu:

»Drohung mit Selbstmord durch die Mutter.«

»Mordversuche, bedrohen, üble Misshandlungen.«

»Mit Verlassen der Familie drohen.«

»Fingierte Selbstmordversuche der Mutter.«

»Fesseln und misshandeln.«

»Kälte der Mutter, Nichtbeachtung für zu lange Zeit.«

Silke beschreibt ihre Gefühle in einer solchen Situation: »Mein Herz krampft sich zusammen. Ich blicke auf den Boden. Die Entschuldigungen nützen nichts. Ich kann nichts tun, um die Wut der Eltern zu besänftigen. Ich krümme mich zusammen, gehe mit eingezogenen, nach vorne gebogenen Schultern. Mein Atem wird flacher. Eine ungeheure Resignation macht sich in meinem Körper breit. Meine Gedanken werden immer langsamer. Ich weiß nichts mehr. Am liebsten würde ich weinen, aber ich bin zu versteinert. Ich kann keinem Menschen in die Augen schauen. Entweder blaffe ich jemanden an oder ich breche in Tränen aus. Normal unterhalten kann ich mich im Moment nicht. Meine Gedanken kreisen darum, wie ich die Eltern versöhnen könnte. Ich entschuldige mich immer wieder, obwohl ich nicht weiß wofür. Es wäre mir lieber, sie würden mich schlagen, dann hätte ich meine Schuld abgebüßt.«

Später wird dieses Gefühl in unterschiedlicher Intensität auftauchen, wenn Silke glaubt, etwas falsch gemacht zu haben. Sie bekommt dann Schuldgefühle mit all diesen Begleiterscheinungen.

Kinder können mit Strafen, die mit starken Ängsten oder Schuldgefühlen verbunden sind, nicht umgehen.

Ein Kind muss im Namen seines eigenen emotionalen Haushaltes die Eltern beschwichtigen – um physisch und psychisch zu überleben. Eine eigene, andere Meinung wäre viel zu bedrohlich. Die Kinder, die wussten, »wenn du das und das machst, sind die Eltern wieder gut«, waren besser dran. Sie konnten Wohlverhalten an den Tag legen und bewirkten damit etwas. Dies ist das Gegenteil von Hilflosigkeit, also ein Bewältigungsverhalten.

Kinder, bei denen die Mutter durch nichts zu erweichen war und dann aber »aus heiterem Himmel« wieder »gut« war, hatten es schwerer. Wie die Seligmanschen Hunde waren sie hilflos und wurden depressiv. Manche der Fragebogen-Frauen litten auch unter Ängsten und Panikstörungen. Und sie wiesen die Folgen einer Posttraumatischen Stressstörung (PTSD) auf.

Der Horror frisst sich ins Gehirn

Die Opfer von Gewalttaten, von Kriegserlebnissen, Unfällen und Folterungen weisen Symptome auf, die man mit dem Begriff »Posttraumatische Stressstörung« zusammenfasst.

Den Kern der Störung machen immer wiederkehrende Erinnerungen an das Trauma aus: Fausthiebe, das Knallen eines Schusses, das Eindringen eines Messers, Pulvergestank, Schreie, das Spritzen von Blut, die Polizeisirenen. Um erneut drohende Gefahren zu erkennen und schnell darauf reagieren zu können, »lernt« die Amygdala (»Mandelkern«, Teil des limbischen Systems im Gehirn) in einer solchen Horrorsituation eine

Art Frühwarnsystem in Gang zu setzen. Dazu gehört eine blitzschnelle Ausschüttung von Katecholaminen (Adrenalin, Noradrenalin = die wichtigsten Stresshormone), die den Menschen zur Flucht oder zum Kampf bereit machen. Leider rastet dieses Frühwarnsystem in Zukunft bereits bei Reizen ein, die mit dem ursprünglichen Trauma gar nichts mehr zu tun haben. So haben viele ältere Leute hierzulande großen Horror vor Gewittern oder Silvesterknallerei. Sie hatten den Bombenterror des Zweiten Weltkrieges mitgekriegt. Das »Wissen«, dass Knallfrösche keinen Krieg bedeuten, interessiert jene Teile ihres Gehirns nicht, die eine Alarmreaktion auslösen. Diese wird nicht von der Vernunft gesteuert.

Zur Posttraumatischen Stressreaktion gehören also leicht ausgelöste Erinnerungen an den Horror, nächtliches Aufschrecken und Alpträume, allgemeine leichte Erregbarkeit, Panik, Ängste und die »posttraumatische Hypervigilanz«. Dabei handelt es sich um eine übertriebene Wachsamkeit gegenüber allem, was auf eine »Gefahr« hindeuten könnte.

Treten Horrorsituationen wie zum Beispiel Folter über einen längeren Zeitraum häufiger auf, dann tritt ein anderer Effekt ein: eine Art Betäubung von Gefühlen. Körpereigene Opiate (Endorphine) werden ausgeschüttet und bewirken eine Unfähigkeit, Lust zu empfinden, eine allgemeine gefühlsmäßige Taubheit, das Gefühl, von anderen Menschen abgeschnitten zu sein. Manchmal tritt auch ein Erinnerungsverlust an bestimmte schlimme Minuten, Stunden oder Tage auf.

Untersuchungen ergaben auch, dass Menschen, deren Amygdala bereits überreagiert, auf weitere, aber andersartige Traumata stärker reagieren und schneller bleibende Schäden davontragen.

Nun haben »zu nette« Frauen eher unter subtileren Traumata gelitten und die PTSD-Symptome sind in abgeschwächter Form da. Aber sie sind da!

In Notfällen ist es natürlich von Vorteil, wenn man überwachsam, erregt, auf alles gefasst und schmerzunempfindlich ist. Wenn das Blut in die Muskeln gepumpt wird, damit man kämpfen oder fliehen kann. Im Alltag kann eine solche schnelle Überreaktion, auch wenn sie noch so subtil ist, erhebliche Störungen verursachen.

Silke: »Ich leide oft an einer unerklärlichen Unruhe. Dann fange ich meist an zu putzen, aufzuräumen oder gehe einkaufen. Auf jeden Fall brauche ich Bewegung.

Früher kam mir das ganz normal vor, aber seit ich Thorsten kenne, sehe ich das nicht mehr so positiv. Ich habe nämlich gemerkt, dass ich mich überhaupt nicht entspannen kann. Wenn ich mich mit Thorsten vor den Fernseher setze, dann kann er sich konzentrieren und dem Film folgen. Ich kann das nicht. Ich schrecke dann immer wieder hoch und denke, o Gott, ich muss ja noch für morgen die Bastelstunde vorbereiten. Oder ich ›muss‹ dann dringend den Tisch abräumen oder das Geschirr spülen. Es ist wie ein Zwang. Ich werde nicht nur unruhig, sondern bekomme richtig Atemnot. Und vor allem Schuldgefühle. Ich erinnere mich noch genau daran, wie es bei uns zu Hause war. Wenn wir drei Geschwister mit der Mutter gemütlich beisammensaßen und Karten spielten oder fernsahen, dann war es mit der Ruhe vorbei, sobald mein Vater das Zimmer betrat. Er brüllte sofort los, ob wir denn nichts Besseres zu tun hätten als zu faulenzen. Draußen sei der Hof nicht gekehrt, die Fahrräder seien nicht weggeräumt und überhaupt könne er dringend Hilfe gebrauchen. Meist gab es dann noch Krach zwischen ihm und meiner Mutter. Es war immer so ungemütlich, wenn er zu Hause war. Auch heute noch reagiere ich körperlich mit Herzklopfen und Anspannung, wenn ich gerade etwas ›Nutzloses‹ tue und draußen Schritte höre.«

Erinnern wir uns an die Frauen, die in den ersten Kapiteln »verfügbar« sein mussten. Sie durften nicht lesen, sich nicht im Zimmer ausbreiten und Arbeiten nicht über Nacht liegen lassen. Auch hier könnten subtile Stressstörungen vorliegen.

»Nur« Schüchternheit?

Alle zwanzig Frauen, die den Fragebogen ausfüllten, waren als Kind schüchtern gewesen. Was unterscheidet schüchterne Kinder von so genannten »kühnen«?

Der Entwicklungspsychologe und Temperamentsforscher Jerome Kagan stellte fest, dass etwa jedes fünfte Kind die Merkmale der Schüchternheit aufweist: Ängstlichkeit, Sensibilität, Schweigsamkeit, Empfindlichkeit, Zurückhaltung. Allem Neuen gegenüber verhalten sich Schüchterne zaghaft, egal ob dies neue Orte, neue Menschen oder neue Anforderungen sind. Hinzu kommt eine panische Angst, im Mittelpunkt der Aufmerksamkeit zu stehen. Schüchterne Kinder und Erwachsene neigen zu Schuldgefühlen und unterwürfigem Verhalten. Kagan nennt diese Kinder »verhaltensgehemmt«.

»Die Schüchternen kommen anscheinend mit einer neuralen Schaltung auf die Welt, die sie selbst auf milden Stress stärker reagieren lässt. Von Geburt an schlägt ihr Herz in Reaktion auf seltsame oder neuartige Situationen schneller als das anderer Kinder.«[14]

Bei »kühnen« Kindern ist das Nervensystem auf einen höheren Schwellenwert eingestellt als bei schüchternen. Schüchterne reagieren auf unangenehme Reize schneller, heftiger und länger. Manche Forscher sprechen von Reizsuchern (Kühne) und Reizvermeidern (Schüchterne). Untersuchungen mit schüchternen und kühnen Schülern ergaben, dass der Stress, den schlechte Zensuren machen, auf die kühnen eher motivierend wirkt und auf die schüchternen eher entmutigend und traumatisierend.

Kagan vermutet, dass schüchterne Kinder »eine chronisch hohe Konzentration von Noradrenalin oder anderen Hirnsubstanzen ererbt haben, die den Mandelkern aktivieren und dadurch die Erregbarkeitsschwelle herabsetzen.«[15]

Wenn dies bei zu netten Frauen der Fall ist, so lassen sich manche Situationen, in denen sie sich ducken oder alles schlucken, eher nachvollziehen. Sie reagieren schneller, heftiger und nachhaltiger auf bedrohliche Reize.

Ein anderes wissenschaftliches Konzept geht von »Extrovertierten« (die Kühnen) und »Introvertierten« (die schüchternen, nach innen gewandten Menschen) aus.

»Der typisch Extrovertierte ist sozial aufgeschlossen, liebt Gesellschaft, hat viele Freunde, muss sich anderen Menschen mitteilen, liest und studiert nicht gern allein. Er liebt Aufregung, geht Risiken ein, handelt aus dem Augenblick heraus und ist allgemein eine impulsive Persönlichkeit. Er liebt Späße, ist schlagfertig, liebt die Abwechslung. Er ist optimistisch und lacht gerne. Er bevorzugt Betriebsamkeit, neigt zu Aggressionen und wird schnell ungeduldig. Er hat seine Gefühle nicht sehr unter Kontrolle und er ist auch nicht immer besonders zuverlässig.

Der typisch Introvertierte ist ruhig, zieht sich zurück und neigt zur Selbstbeobachtung. Er liebt Bücher mehr als Menschen, ist zugeknöpft und distanziert, außer gegenüber intimen Freunden. Er plant voraus, ist vorsichtig und misstraut dem Impuls des Augenblicks. Er liebt keine Aufregung, begegnet den Problemen des Alltags mit angemessenem Ernst und neigt zu einer geordneten Lebensführung. Seine Gefühle hat er sehr unter Kontrolle und verhält sich selten aggressiv. Er wird selten ungeduldig. Er ist zuverlässig, etwas pessimistisch und legt Wert auf hohe ethische Normen.«[16]

Zu nette Frauen werden sich eher im introvertierten Typ wiedererkennen. Kein Typ ist nur »gut« oder »schlecht«. Die meisten Menschen sind Mischtypen, neigen aber zum einen oder anderen Pol.

Sind zu nette Frauen einfach nur schüchterne Frauen? Nein. Auch eine schüchterne Frau kann selbstsicher sein und sich wehren. Aber wir können uns vorstellen, dass ein schüchternes Mädchen, das ungünstigen Einflüssen in seiner Erziehung und seiner ganzen Sozialisation ausgesetzt ist, darauf anders reagiert als ein Mädchen mit weniger sensiblem Nervenkostüm.

Tatsächlich neigen schüchterne Kinder dazu, eher eine Panikstörung zu entwickeln oder auch zwangsneurotische Symptome (Wasch-, Putz- oder Kontrollzwänge).

Werden nun aus schüchternen Kindern auch immer schüchterne Erwachsene? Sieben der Fragebogen-Frauen bezeichnen sich heute nicht mehr als schüchtern. Sie haben an sich gearbeitet.

Ruth, eine 34-jährige Frau, die gelernt hat, mit ihrer Schüchternheit umzugehen, sieht es heute so:

»Als Kind war ich extrem schüchtern. Ich hatte im Singen immer eine Sechs, weil ich keinen Ton herausbrachte. Ich meldete mich fast nie im Unterricht und hatte Bauchschmerzen, wenn ich an die Tafel musste. Erst als ich eine Lehrerin bekam, die mich mochte und die mich ermutigte, mehr aus mir herauszugehen, wurde es besser. Sie leitete mich an, auch mal vor der Klasse etwas vorzulesen. Früher wurde ich auch zu viel geschont. Dadurch verstärkte sich meine Angst vor der Aufmerksamkeit anderer noch mehr. Als ich dann zunehmend mutiger wurde, meldete ich mich auch häufiger im Unterricht. Dies brachte mir dann wiederum mehr Aufmerksamkeit und Lob ein.

Wenn ich heute selbst als Lehrerin vor der Klasse stehe, klopft mein Herz manchmal auch zum Zerspringen, aber ich atme dann tief und konzentriere mich ganz auf den Lehrstoff und nicht auf meine Person. Irgendwann gehen die körperlichen Symptome dann zurück. Ich muss immer noch gegen den Drang, mich zu verstecken, ankämpfen, aber ich weiß auch, dass mir nichts passiert und dass ich inzwischen gut vor Publikum reden kann. Ich werde bestimmt nie ein Hansdampf in allen Gassen werden, aber das will ich auch nicht.«

Auch die Temperamentsforscher räumen ein, dass schüchterne Kinder in der Kindheit mutiger werden, wenn sie einen besseren sozialen Umgang lernen, wenn sie mit anderen Kindern spielen, zu Neuem in kleinen Schritten ermutigt werden, wenn sie sich einfühlen und beliebt machen und wenn sie lernen, sich selbst gut zuzureden.

Ich glaube, dass zu nette Frauen schüchterne Mädchen waren, die in ihren Familien mit Bedingungen konfrontiert wurden, die ihre Ängste verstärkten. Sie lernten keinen angemessenen Umgang mit Konflikten. Und sie lernten, sich für ihr »Sosein« zu schämen. Diese Mischung ist teuflisch.

Für immer verkracht

Silke erinnert sich: »Wir wohnten in einem großen Mietshaus. Über uns wohnte eine Frau, die oft spätabends die Waschmaschine laufen ließ. Mein Vater regte sich immer fürchterlich darüber auf. Aber er sagte nie etwas zu der Frau. Meine Eltern waren freundlich zu ihr. Das ging so mehrere Jahre. Eines Tages machte die Frau eine große Party und lud viele Leute aus dem Haus ein. Meine Eltern lud sie nicht ein. Diese waren außer sich vor Wut. »Da sagt man jahrelang nichts über den Waschmaschinenlärm und dann lädt sie uns nicht einmal ein!« schimpfte mein Vater damals. Und von da an grüßten meine Eltern die Frau nicht mehr. Sie klopften an die Decke, wenn die Waschmaschine zu spät lief. Irgendwann grüßte die Frau auch nicht mehr. Beide Parteien waren verkracht. Die Fronten verhärteten sich. Mein Vater ließ kein gutes Haar mehr an ihr. Jeder Schmutz auf der Treppe, die unverschlossene Haustür, jeder Lärm – alles kam von ihr. Aber er sprach nie mit ihr. Sie waren hoffnungslos zerstritten – für immer.«

Silkes Eltern hatten stillgehalten und in die Beziehung zu der unbekannten Frau »investiert«. Als sich die Investition nicht »auszahlte« in Form einer Einladung, fühlten sie sich betrogen und gekränkt. Dies rief in ihnen Rachegefühle hervor, und sie rächten sich mit Verleumdungen und Klopfzeichen.

Was hat Silke daraus gelernt? Sie lernte keinen angemessenen Umgang mit sozialen Konflikten. Entweder stillhalten oder für immer verkracht, dazwischen gab es nichts. Sie lernte auch: Wenn man nicht stillhält, dann ist man zwangsläufig für immer verkracht. Das ist Hilflosigkeit plus Ohnmacht. Silke lernte nicht, dass man mit Nachbarn reden und Kompromisse aushandeln kann. Sie lernte nicht, wie man Macht und Einfluss in Beziehungen erlangen kann. Wie man Dinge im Guten regeln kann. Doch sie lernte etwas anderes. Sie glaubte als Kind, die Reaktion ihrer Eltern sei »gesund und normal«. Sie nahm an, dass andere Menschen ebenso reagieren müssten. Und sie hielt still, weil mit dem Krach auch immer ein Beziehungsabbruch verbunden war.

Als ich vor 13 Jahren in Kreta Urlaub machte, erzählten mir zwei andere Deutsche, dass sie von ihrer kretischen Gastfamilie Hals über Kopf rausgeworfen worden waren. Sie hatten im »falschen« Lokal zu Abend gegessen. Die Gastfamilie war seit Urzeiten mit dem Wirt verkracht. Noch am selben Abend standen die Koffer der beiden Touristen auf der Straße. Für immer verkracht.

Noch vor 150 Jahren musste sich ein Ehrenmann auch hierzulande duellieren, wenn ihn ein Geschlechtsgenosse als »Memme« tituliert hatte. Seine Ehre verlangte das. Er durfte so etwas nicht auf sich sitzen lassen, sonst wurde er nicht mehr geachtet. Früher hieß es auch »Pack schlägt sich, Pack verträgt sich«. So wurde das Verkrachtsein auf alle Zeiten als »Charakterstärke« angesehen.

Viele ältere Menschen haben diese Regeln noch intus. Und sie haben sie ihren Kindern vorgelebt. Viele zu nette Frauen haben gelernt, dass man sich seinen Groll nicht anmerken lässt. Kommt es dann aber doch zu einer Eskalation und schließlich zu einer Explosion, dann sind die Reaktionen auf beiden Seiten so aufgestaut, dass hinterher die Beziehung kaputt ist. Oder sie geben gleich nach.

Beim zu netten Nachgeben sage ich mir: »Ach, es ist ja nicht so schlimm« (Abwertung der Gefühle), »stell dich nicht so an, andere schaffen das auch« (Unterdrückung der Gefühle) oder »der werde ich es heimzahlen« (Rachegedanken).

Auch beim selbstsicheren Umgang mit seinen Mitmenschen darf man nachgeben, wenn die Situation nicht anders im Guten bewältigt werden kann. Kompromisse machen nennt man das. Sind die dabei auftretenden Gefühle Wut, Angst, Ärger, Frustration, aber auch Erleichterung, weil die Beziehung nicht abgebrochen werden muss, jeweils bewusst, kann der Kompromiss je nach Situationsänderung neu geeicht werden. Ist der Kompromiss starr und werden die Gefühle unterdrückt, dann wird er schnell zum faulen Kompromiss. Gefühle können aber auf Dauer nicht unterdrückt werden, sie suchen sich ein Ventil. Man tappt in die Groll-Schuldgefühl-Falle.

Die Groll-Schuldgefühl-Falle

Sonntagmorgen, elf Uhr. Marianne räumt das Frühstücksgeschirr zusammen. Immer wieder schaut sie auf die Uhr. Jetzt sitzt Mutti vor dem Telefon und wartet, denkt sie. Ihr Herz klopft etwas schneller. Punkt elf jeden Sonntag ruft sie ihre Mutter an, seit vielen Jahren. Die Mutter erwartet, dass Marianne sie anruft. Sie ruft selten selbst an. Höchstens, um Marianne zu sagen, dass sie sich endlich mal melden soll. Dann bekommt Marianne Schuldgefühle.

Eine Minute nach elf. Marianne spürt Angst und Groll gleichzeitig in sich aufsteigen. Ich will sie nicht anrufen, schreit eine Stimme in ihr. Du musst sie aber anrufen, sonst ist sie beleidigt, ruft eine andere Stimme. Marianne seufzt hörbar. Fünf nach elf. Marianne bekommt Schuldgefühle.

Ich sollte es ganz schnell hinter mich bringen, denkt sie. Nein, sagt eine andere Stimme. Du bist jetzt vierzig Jahre alt und benimmst dich wie ein kleines Kind. Wenn du sie nicht anrufen willst, dann lass es doch. Marianne findet ihr Verhalten nicht richtig. Ruft sie nicht an, hat sie Schuldgefühle, ruft sie an, ärgert sie sich über sich selbst.

Gefangen zwischen Groll und Schuldgefühlen. Marianne wird leicht übel. Sie schleicht ums Telefon herum. Sie weiß: Egal ob sie nun anrufen wird oder nicht, fühlt sie sich schlecht. Und wenn sie nun einfach erst nachmittags anruft? Dann muss sie diese Gefühle bis nachmittags aushalten. Die Mutter wird dann genau wissen wollen, weshalb Marianne so spät anruft.

Zehn nach elf. Mariannes Herz schlägt wild. Sie geht in die Küche, lässt Wasser ins Spülbecken laufen. Mechanisch fängt sie an das Geschirr abzuwaschen. Ihr Herz klopft. Sie zwingt sich, nicht auf die Uhr zu schauen. Sie stellt sich vor, wie ihre Mutter nun beleidigt im Wohnzimmer auf und ab geht. Sicher horcht sie ab und zu ins Telefon, ob es auch funktioniert. Marianne atmet tief durch, ihr Herz klopft zum Zerspringen. Die Spannung ist greifbar. Halb zwölf. Mariannes Blick streift die

Uhr. Sie hält es nicht mehr aus. Schnell greift sie zum Hörer. Die Nummer wählt sie mechanisch.

»Schmitt«, klingt es barsch im Hörer. »Hallo, Mutti, ich bin es, Marianne ...«, beginnt Marianne zaghaft. »Marianne«, poltert die Mutter, »weißt du, wie spät es ist? Du weißt doch, dass ich um halb eins das Essen auf dem Tisch haben möchte. Dein Vater erwartet das so.« Dann ist Schweigen am Ende der Leitung. Marianne ist so verdattert, dass sie nicht weiß, was sie sagen soll. »Äh, ja, Mutti, tut mir leid, ich habe die Zeit vergessen. Wie geht es euch denn?« Marianne versucht die Mutter zu beschwichtigen. »Ach«, seufzt die Mutter, »wie soll es mir schon gehen. Mein Bein tut mir weh ...«

Die Mutter jammert ohne Ende. In Marianne steigt ein unbändiger Groll an. Zum Jammern hat sie immer genug Zeit, denkt sie. Dabei fragt sie aber nicht, wie es mir geht. Mir hat es immer gut zu gehen. »Kind, es wäre jetzt aber wirklich an der Zeit, dass du mal wieder nach Hause kommst«, hört Marianne ihre Mutter gerade sagen. Der Unterton ist Vorwurf pur. »Ach, Mutter«, sagt Marianne panisch, »du weißt doch, dass das in den nächsten Wochen nicht geht. Wir machen im Geschäft momentan die Abschlüsse, da bin ich zwölf Stunden am Tag im Büro. Und am Wochenende brauche ich meine Ruhe.« Marianne hofft, dass die Mutter von ihr ablässt. »Ich weiß schon«, sagt die Mutter mit beleidigtem Unterton, »Papa und ich sind dir doch völlig egal. Am besten wäre es, wenn wir tot wären.« Erstickte Stille in der Leitung. Marianne kennt das. Jetzt drückt die Mutter auf die Tränendrüse. In Marianne mischen sich Wut und Angst. »Mutti«, sagt sie energisch, »ich lasse mir von dir nicht den ganzen Sonntag verderben. Ich kann dein Gejammer nicht mehr hören. Es ist immer dasselbe. Ich frage mich, was du von mir eigentlich willst. Ich bin doch nicht für jeden Pubs bei euch verantwortlich.« Marianne ist jetzt laut geworden. Die Mutter holt zum Gegenschlag aus. »Wie redest du denn mit mir? Ich bin immer noch deine Mutter! Komm du erst einmal in mein Alter. Dann wird es dir noch leid tun, dass du mich so abgefertigt hast. Ich lebe sowieso nicht mehr lange, dann hast du deine Ruhe.« Stille in der Leitung. Marianne hört das heftige

Atmen ihrer Mutter. »Hör zu, Mutter, laß uns doch das Thema jetzt vergessen. Ich komme euch besuchen, sobald ich im Geschäft etwas mehr Luft habe. O.k.? Ich möchte jetzt Schluss machen und wünsche euch noch einen schönen Sonntag.« Marianne versucht die Mutter wieder in eine bessere Stimmung zu versetzen. Darin hat sie Übung. Die Mutter geht nur zum Teil darauf ein. »Du musst es ja wissen. Meinem Herzen geht es gar nicht gut. Ich bekomme kaum noch Luft. Vielleicht bekomme ich doch einen Herzanfall. Dr. Müller sagt, ich darf mich nicht aufregen. Aber über dich muss ich mich jedes Mal aufregen.« Stille in der Leitung. Marianne will endlich in Frieden den Hörer auflegen können. »Ja, Mutter, dann rege dich halt nicht auf. Denk an etwas Schönes. Ich möchte jetzt Schluss machen. Also dann grüß Papa schön. Tschüs.« – »Bis nächsten Sonntag«, sagt die Mutter und hängt schnell ein. Marianne knallt den Hörer auf die Gabel. Bis nächsten Sonntag. Dann geht alles wieder von vorne los. Aber wenigstens hat sie die Woche über Ruhe.

Wie Marianne geht es vielen »zu netten« Frauen. Die Groll-Schuldgefühl-Falle hält sie gefangen.

Die Groll-Schuldgefühl-Falle tritt immer dann in Aktion, wenn zwei sich widersprechende Verhaltensgrundsätze aufeinander treffen. Marianne hatte den Verhaltensgrundsatz: Ich möchte meine Mutter dann anrufen, wenn ich Lust dazu habe. Gleichzeitig hegte sie den Grundsatz: Ich möchte es meiner Mutter recht machen. Da die Mutter strenge und starre Erwartungen an das Verhalten der Tochter hat, musste sich Marianne für einen der beiden Grundsätze entscheiden und den anderen aufgeben. Mit einer weniger fordernden Mutter wäre an dieser Stelle kein Problem entstanden.

Bei einer Tochter, die sich noch für ihren Groll geschämt hätte, ebenfalls nicht. Zumindest nicht sichtbar. Eine solche Tochter hätte Punkt elf angerufen und wäre auf Mutters Jammern und Klagen verständnisvoll eingegangen. Das hat Marianne früher auch getan. Im Lauf der Jahre ist sie aber selbstbewusster, aufmüpfiger geworden. Und dann hat sich die Wut geregt bei Mutters starren Erwartungen, von denen sie nicht abweicht. Seither gibt es die sonntäglichen Missstimmungen, das klamme Umschleichen des Telefons und das Gefühl, hoffnungslos verstrickt zu sein.

Nicht nur »zu nette« Frauen leiden unter latenten und auch offenen Schuldgefühlen. Die feministische Theologin Christa Mulack schreibt: »Was immer Frauen tun oder lassen, was immer sie denken und fühlen, wollen und träumen, Schuldgefühle gehören zu ihrer ständigen Begleitung … ob im Beruf oder in der Familie, ob in der Beziehung zum Mann oder bei der Erziehung der Kinder, es scheint keine weibliche Rolle und keine Lebensphase, keinen Stand und keinen Lebensentwurf zu geben, die nicht von der Bereitschaft der Frau geprägt wären, sich schuldig zu fühlen.«[17]

Wenn man sich unter Frauen umschaut, dann findet man dies bestätigt. Die Töchter fühlen sich für die Gefühle ihrer Mütter verantwortlich und fühlen sich schuldig, wenn sie sich zu sehr abgenabelt haben. Berufstätige Mütter fühlen sich schuldig, weil sie ihre Kinder »vernachlässigen«. Hausfrauen fühlen sich schuldig, weil sie ihren Männern auf der Tasche liegen. Emanzipierte Frauen fühlen sich schuldig, wenn sie für Männer nicht attraktiv genug sind.

Aber es müssen nicht so »große« Themen sein. Die gut getarnten Groll-Schuld-Fallen schnappen täglich in subtilen Situationen zu.

Marianne: »Neulich fuhr ich mit einer Freundin in die benachbarte Großstadt zum Einkaufen. Ich hatte viel Bargeld mitgenommen, da ich mir etwas Anständiges zum Anziehen kaufen wollte. Meine Freundin wollte nicht viel kaufen. Sie hat weniger Geld und muss sparen. Wir gingen von Geschäft zu Geschäft, schauten alles an und kauften – nichts. Nach zwei Stunden merkte ich, dass alles, was ein bestimmtes Limit überschritt, zu »teuer« war. Dass aber alles, was preiswert war, »billig« aussah. Ich wurde immer unzufriedener. Irgendwie hatte ich eine »Kaufhemmung«. Ich überlegte, ob ich Schuldgefühle der Freundin gegenüber haben könnte. Ich musste bejahen, aber es war nicht der Hauptgrund für meine Kaufhemmung. Ich fand heraus, dass ich mir gar nichts Teures kaufen

»durfte«. Ich bekam bereits ein schlechtes Gewissen, wenn mir etwas Teureres auch nur gefiel. Dann fiel mir auf, dass meine Eltern immer sehr sparen mussten und sich meine Mutter niemals so teure Klamotten hätte kaufen können. Als ich dies sah und mit meiner Freundin besprochen hatte, ging es mir viel besser und ich fand tatsächlich einen Pulli, der gut aussah, aber nicht allzu teuer war. Eine Stunde vorher hätte ich diesen Pulli nicht ›gesehen‹, da wäre er mir zu teuer gewesen.«

Die Schuldgefühle kamen bei teuren Klamotten hoch. Der Groll und die Ablehnung bei billigen. Was sie sich leisten »durfte«, waren Schnäppchen. Was aber ein »Schnäppchen« ist, bestimmte Marianne nicht selbst. Die Normen ihrer Mutter, was ein Schnäppchen ist (etwas sehr Gutes ganz billig), hatte Marianne unbewusst übernommen. Erst als sie sich dies klarmachte, konnte sie für sich neu entscheiden, was ihr ein bestimmter Pulli wert war.

Neulich besuchte ich eine Familie, die Geburtstag feierte. Die Tochter der Familie hatte eine Tüte Bonbons bekommen. Sie öffnete diese und bot jedem Erwachsenen ein Bonbon an. Ich konnte dem Kind ansehen, dass es hoffte, keiner möge sich bedienen. Hätten alle Leute im Raum das (zu) freundliche Angebot angenommen, dann wäre die Tüte schnell leer gewesen und für das Mädchen wäre keines mehr übrig geblieben. Groll und Verbitterung hätte das Kind dann vermutlich empfunden. Hätte es nichts angeboten, hätte es sich schuldig gefühlt.

Wer sich zwischen Groll und Schuld gefangen sieht, dem fällt es schwer, Entscheidungen zu treffen. Jede Abgrenzung vom anderen, jeder Alleingang macht Schuldgefühle.

Jedes Stillhalten und Loyalsein baut inneren Groll auf. Hinter dem Groll und hinter den Schuldgefühlen stecken geheime Ängste. Hinter der Überanpassung an die Normen anderer, die insgeheim Wut und Groll aufbaut, steckt die Angst vor Liebesverlust, vor Einsamkeit, vor Trennung. Die Angst, alleine dazustehen, die Angst vor *Distanz*. Hinter dem Alleingang, der Abgrenzung, die zu Schuldgefühlen führt, steht die Befürchtung, vereinnahmt, verschlungen zu werden. Die Angst, sich nie mehr abgrenzen zu dürfen, alles mit sich machen lassen zu müssen. Es ist die Angst vor *Nähe*. So machen einem sowohl die Nähe als auch die Distanz zu anderen Menschen Angst. Betrachtet man beide Ängste als extreme Pole, dann lässt einen die Groll-Schuld-Falle zwischen diesen Polen hin- und herirren wie einen Flüchtling im Niemandsland.

Fühlt man sich einsam und bedürftig, dann sucht man mehr Nähe, Verbindlichkeit und Kontakt. Die Nähe macht bei zu netten Frauen aber Angst vor dem Vereinnahmtwerden. Man »muss« sich quasi vereinnahmen lassen. Wut und Groll steigen an. Das treibt einen in die Distanz, auf Abstand. Abstand macht Schuldgefühle und Angst, alleine dazustehen. Wenn Schuldgefühle und Angst unerträglich stark werden, sucht man wieder Nähe. Und so weiter und so fort.

Dieses Oszillieren zwischen den beiden Angstpolen bringt eine enorme Unruhe ins Leben. Wenn beide Pole sehr nahe beieinander liegen, dann fühlt man sich ständig unwohl – weil es keinen groll- und schuldgefühlsfreien Raum mehr gibt.

Hätte das Mädchen mit den Bonbons die »Erlaubnis« gehabt, dass es die Hälfte der Tüte auf jeden Fall schon mal behalten darf, dann wäre ihm das Teilen viel leichter gefallen. Dann hätte es die Sache ruhiger angehen können.

Kann man in Ruhe teilen, wenn man selbst kein Stimmrecht hat und die anderen sich nach Herzenslust bedienen können? Wenn alle anderen zuerst kommen und man selbst nur bekommt, was übrig bleibt? Sicher nicht.

Bei der Groll-Schuld-Falle liegen die beiden Angstpole so dicht beieinander, dass daraus eine chronische Unzufriedenheit resultiert. Wenn man weder »stillhalten« (Nähe) noch sich abgrenzen (Distanz) »darf«, dann sind Hilflosigkeit und Depression die Folge. Insofern ist die Groll-Schuld-Falle ein Phänomen der Erlernten Hilflosigkeit. Wenn ich mich nicht abgrenzen und wehren darf, dann kann ich nur wie die Seligmanschen Hunde das Ganze über mich ergehen lassen. Nur ist die Groll-Schuld-Falle um einiges komplizierter als die Versuche mit den Hunden. Wer in dieser Falle steckt, erfuhr als Kind Nähe in Verbindung mit Stillhaltenmüssen und Manipuliertwerden. Und er kennt Eigenständigkeit und Eigenmächtigkeit nur in Verbindung mit Schuldgefühlen.

Genau das ist das Dilemma der zu netten Frau. Im zweiten Teil dieses Buches schauen wir uns einmal genauer an, wie es zu solchen Konstellationen kommt.

Wir sehen, welche Mechanismen in der Herkunftsfamilie uns in die Muster des »Zu-nett-Seins« drängen. Welche Erziehungsziele in der Mädchenerziehung allgemein noch in den Köpfen herumspuken, ist uns im Alltag gar nicht mehr bewusst.

Um selbst entscheiden zu können, wie nett wir sein wollen, müssen wir die Fallstricke erkennen und ihnen ausweichen.

Wir können dann immer noch nett sein, wenn wir möchten, aber wir »müssen« es nicht mehr. Die Schuldgefühle greifen nicht mehr.

Teil II

Vom Sinn des »Nettseins«

1. Die zehn Gebote des Nettseins

Wohlverhalten, Beschwichtigungsverhalten, Selbstverleugnung, falsche Loyalität, Hilflosigkeit und Ohnmacht haben natürlich ihre Wurzeln. Zu nette Frauen waren sensible und intelligente Kinder, die genau spürten, welche Verhaltensweisen und Eigenschaften sie in ihrer Herkunftsfamilie brauchten, um zu überleben. »Überleben« heißt nicht nur, physisch zu überleben, sondern vor allem psychisch. »Überleben« heißt, sich eine gute Stellung innerhalb der familiären Hackordnung zu sichern. Es heißt, weitgehend ungeschoren davonzukommen in den Turbulenzen der Familienstreitigkeiten. Es heißt, möglichst wenig Aggressionen auf sich zu ziehen. Es heißt, in der Familie gebraucht zu werden – auch oder gerade emotional.

Zu nette Frauen schnappen direkt ausgesprochene und auch indirekte Verhaltensnormen und Regeln auf, die wie Gebote wirken und die sie befolgen, ob sie ihnen nun bewusst sind oder nicht. Wer sie hinterfragen möchte, muss sie sich erst einmal klar und deutlich vor Augen halten.

1. Gebot: Du sollst immer freundlich sein

Hinter diesem Gebot steckt vor allem das höfliche Lächeln. Es gehört nach Ute Ehrhardt zur »Körpersprache der Unterwerfung«. Dazu gehört die Art, »weiblich« zu sitzen mit geschlossenen Beinen und platzsparendem Einklappen der Ellbogen. Dazu gehört auch das »weibliche« Gehen mit Trippelschritten und vorgeschobenem Becken. Die Psychologin Ute Ehrhardt beschreibt es treffend: »Frauen streichen verlegen das Haar aus der Stirn, schlagen unruhig lächelnd die Beine übereinander und wieder auseinander, rücken schüchtern ihren Rock zurecht, streichen zaghaft über ihre Schenkel. Sie demonstrieren:

Wir sind schnurrende Kätzchen, die ihre Krallen niemals gebrauchen werden.«[18]

Lächeln, gefällig sein, nicht zeigen, was man wirklich denkt, das versteht man eigentlich auch unter Falschheit. Und zu nette Frauen sind tatsächlich unechte, »falsche« Frauen. Was soll der falsche Schein also vorspiegeln? Das Lächeln soll signalisieren: Ich bin harmlos. Vor mir brauchst du keine Angst zu haben. Bitte finde mich nett und habe mich lieb.

Die Angst, die uns veranlasst, »immer freundlich« zu sein, ist die Angst, nicht gemocht zu werden. Die Angst, nicht von *allen* gemocht zu werden.

2. Gebot: Du sollst nichts für dich fordern

Dieses Gebot ist besonders vertrackt, da es impliziert, dass man für *andere* (Kinder, Mann, Eltern etc.) durchaus etwas fordern darf. Wenn ich für mich selbst nichts fordern darf, wer wird es dann tun? Wer sich selbst immer an die letzte Stelle stellt und immer zu kurz kommt, der wird sehr frustriert. Und was macht jemand, der frustriert ist? Er klagt und jammert und macht Schuldgefühle.

Hinter diesem Gebot »Du sollst nichts für dich fordern« steckt unausgesprochen »Du sollst mit wenig zufrieden sein«. Darf ich nicht selbst fordern, so bin ich darauf angewiesen, mit Manipulation, List und Tücke etwas abzubekommen.

Meist haben zu nette Frauen Mütter, die dieses Gebot bereits befolgten. Sie dürfen nicht sagen: »Ich möchte heute spazieren gehen, kommst du mit?«, sondern fragen: »Möchtest du spazieren gehen?« Bei einem Ja »opfern« sie sich dann auf und kommen mit. Sie fühlen sich permanent ausgenutzt und werden es auch. Sie sind immer die Opfer.

»Die ideale Frau«, schreibt die amerikanische Psychotherapeutin Charlotte Kasl, »denkt nie an sich selbst. Sie ist eine hingebungsvolle Mutter, setzt immer den Mann an die erste

Stelle. Sie ist ein Engel, sie ist geduldig, freundlich und beklagt sich nie«.[19]

Die Opferbereite ist das Frauenideal des Patriarchats. Unsere Gesellschaft hat handfeste Interessen daran, dass Frauen brav und nett sind und bleiben und wenig für sich fordern. Hier liegen einige Fußangeln versteckt, die wir im Kapitel »Bescheiden, sittsam und rein« noch genauer betrachten werden.

Die Frau, die nicht fordern darf, möchte nach außen das Bild der Großzügigen, der Bedürfnislosen und Rücksichtsvollen abgeben.

Die Angst, die sie veranlasst, sich ihre eigenen Wünsche zu versagen, ist die Angst, als egoistisch, rücksichtslos, gierig, fordernd und unverschämt zu gelten.

3. Gebot: Du sollst nicht auffallen

Eine Frau sollte nur dreimal in ihrem Leben in der Zeitung stehen, hieß es früher in England, bei ihrer Geburt, bei ihrer Hochzeit und bei ihrem Tod.

Eine brave und anständige Frau hielt sich zurück. Sie war der dienstbare Geist im Hintergrund. »Das Weib soll schweigen in der Gemeinde«, heißt es bei den Katholiken heute noch.

»Wie du wieder herumläufst. Was sollen denn da die Nachbarn denken?« hörten viele zu nette Frauen als Kinder und Jugendliche. Ja, was sollen die Nachbarn eigentlich denken? Die Familie wollte den Nachbarn ein bestimmtes Image präsentieren. Das der Musterfamilie. Und wie sollte die Tochter der Musterfamilie sein? Freundlich, unauffällig, brav. Früher waren vor allem die Nutten auffällig und grellbunt angezogen. Eine »anständige« Frau hielt sich eher an gedeckte Farben. Allem, was auffiel, wurde Verachtung entgegengebracht – wenn es an Frauen auffiel. Sogar positives Auffallen war für Frauen negativ. Noch in den Siebzigerjahren schrieben amerikanische Collegestudentinnen absichtlich schlechtere Abschlussarbeiten, um ihre Heiratschancen nicht zu beeinträchtigen. Welche Frau wollte schon einen besseren Studienabschluss als ihr Mann?

Und mehr verdienen als ihre Männer möchten auch heute noch nicht alle Frauen.

Auch aus der Rolle zu fallen war verpönt. Eine Frau hatte sich zu benehmen.

Mit dem Image der unauffälligen Frau schützt sich die zu nette Frau vor Verachtung und Missbilligung durch die Umwelt. Die Angst, aufzufallen, ist die Angst vor dem Geächtetwerden. Verachtung kann sie nicht ertragen, weil sie in ihr Scham hervorruft. Und Scham tut unerträglich weh.

4. Gebot: Du sollst immer verfügbar sein

Lass alles liegen und stehen und sei sofort bereit, wenn jemand etwas von dir will. Alles andere ist wichtiger als deine eigenen Angelegenheiten. So haben es zu nette Frauen gelernt. Die anderen machen die Regeln, die zu nette Frau befolgt sie. Aber es kommt noch schlimmer. Auch wo keine Regeln von außen greifen, folgt sie inneren Regeln. Wenn der Mann nicht weiß, wo seine Krawattennadel und seine Socken herumfliegen, wenn die Kinder das Matheheft verschlampt haben oder der Chef schlechte Laune hat – die zu nette Frau sucht, findet, tröstet und weiß Rat. Somit wird sie immer mächtiger und immer mehr gestresst. Natürlich darf sie ihre Macht nicht für eigene Zwecke »missbrauchen«! Sie darf sie nur für die anderen einsetzen. Frauen, die zu lange zu sehr verfügbar waren, neigen dazu, sich unentbehrlich zu machen. Sie jammern dann, dass weder Mann noch Kinder ihnen im Haushalt helfen. Aber wehe, der Mann oder die Kinder wagen es mit anzupacken. Nein, da ist nichts gut genug. Sie muss auf jeden Fall alles selbst in die Hand nehmen, sonst wird das nichts. Irgendwann macht sie alles selbst und die Familie wird immer fauler. Will sie das so?

»Übertrieben zuvorkommende Bemühtheit ist in den meisten Fällen ein Zeichen dafür, dass Frauen panische Angst vor Ablehnung haben – oder von ihrer Umgebung für überflüssig und austauschbar gehalten zu werden, schreibt die mexikanisch-amerikanische Psychotherapeutin Clarissa Pinkola Estés.[20] Wer überflüssig ist und ausgetauscht wird, der steht mal wieder alleine da. Daher weht also der Wind auch beim 4. Gebot des Zu-nett-Seins.

5. Gebot: Du sollst immer berechenbar sein

Zu nette Frauen erzählen oft zu schnell zu viel. Denken Sie an das Beispiel von der Frau am Computer, hinter der ihr Chef steht und die sofort anfängt zu erklären und zu rechtfertigen, woran sie gerade arbeitet. Zu nette Frauen dürfen keine Geheimnisse haben, dürfen nicht selbst entscheiden, was sie wann wem erzählen. Sie dürfen kein Eigenleben haben, nicht souverän über Mitwisser entscheiden. Auch dieser Rechtfertigungszwang gehört zu den Unterwerfungsgesten. »Sei wie andere«, lautete oft eine Botschaft aus dem Elternhaus. Diese »anderen« waren immer so genannte Vorbilder, also eher die braven, hilfsbereiten und fleißigen. Jene, die taten, was man von ihnen erwartete. Berechenbar sein heißt, nicht plötzlich nach Australien auszuwandern, nicht mit vierzig studieren zu wollen, nicht Mann und Kinder zu verlassen, nicht den Motorradführerschein zu machen, nicht mit der Freundin auf Weltreise zu gehen und nicht den ungeliebten Job zu kündigen. Berechenbar sein heißt, alles immer so zu machen, wie es die »anderen« machen, und alles so weiterzuführen, wie es schon immer war.

Berechenbare Frauen erzählen den falschen Leuten zu viel und stellen viele Fragen, die den Tenor haben: »Ist es so recht?«

Und was erwarten sie als Gegenleistung? Die Berechenbarkeit ist ein Tauschgeschäft. Wenn ich mich dir gegenüber völlig offenlege, dann darfst du mir nichts tun und musst mir helfen. Die Angst, der die zu nette Frau mit Berechenbarkeit auszuweichen versucht, ist die Angst, als chaotisch, sprunghaft, leichtsinnig, eigenmächtig und arrogant zu gelten. Es ist die Angst, wegen dieser Eigenschaft abgelehnt und ausgestoßen zu werden.

6. Gebot: Du sollst für alle Verständnis haben

»Viele Frauen sind dermaßen einfühlsam, dass sie die geringsten Stimmungsschwankungen in ihrer Umgebung spüren. Sie lesen die Körpersprache anderer Menschen wie ein offenes Buch und entnehmen aus den winzigsten Hinweisen in Tonfall und Gesichtsausdruck, was andere denken«, schreibt die bereits zitierte Clarissa Pinkola Estés.[21] Dies alleine wäre noch kein Grund zur Beunruhigung. Wenn die Frau aber alle wahrgenommenen Bedürfnisse zwanghaft befriedigen *muss,* dann steckt sie in einer Falle.

Warum kann die Frau nicht Verständnis haben, aber in der Sache hart bleiben? Weil sie sich dann als Verräterin fühlen würde. Wie beim Gebot der Berechenbarkeit, wo die zu nette Frau Verständnis von der Umwelt erwartet, ist sie ihrerseits auch bereit, dieses Verständnis anderen entgegenzubringen.

»Ich kann es nicht sehen, wenn andere leiden«, sagen zu nette Frauen dann. Und helfen. Mal wieder.

Die Folge ist immer mehr Arbeit, die von allen als selbstverständlich hingenommen wird. »Burn-out« ist die Folge, das Syndrom des Ausgebranntseins. Davon sind vor allem die verständnisvollen Frauen in sozialen Berufen betroffen: Erzieherinnen, Krankenschwestern, Arzthelferinnen, Ärztinnen, Sozialarbeiterinnen, Psychologinnen, Beschäftigungstherapeutinnen, Krankengymnastinnen.

Aber auch Mütter sind davon betroffen.

»Es handelt sich sämtlich um Berufe oder Rollen, von denen nicht nur Hilfe in technischem Sinne erwartet wird (also Versorgen, Beraten, Anleiten, Heilen, Schützen), sondern auch emotionale Zuwendung, die, weil professioneller Natur, beim Ausbleiben von Gegenseitigkeit nicht versiegen darf«, schreibt der Burn-out-Forscher Matthias Burisch.[22] Aus einem anfänglichen Überengagement und Idealismus für den helfenden Beruf wird Desillusionierung über die eigenen Möglichkeiten. Gefühle der Hilflosigkeit, der Überlastung, Depressionen und Schuldzuweisung an die »undankbaren« Klienten oder Patienten münden immer stärker in der Sackgasse des Ausgebranntseins. Zu nette Frauen neigen besonders zur Wahl eines sozialen Berufes. Und in diesem Beruf neigen besonders sie zum Ausbrennen.

Nach außen möchten sie das Bild der immer hilfsbereiten, verständnisvollen und gutmütigen Helferin abgeben. Mit diesem Image möchten sie vermeiden, dass sie als egoistisch, verständnislos und hart angesehen werden. Das Nettsein wird hier zum Versuch, sich Liebe, Anerkennung und Wohlwollen zu erkaufen.

7. Gebot: Du sollst dich nicht wehren

Vor allem soll sich die zu nette Frau nicht gegen Übergriffe verschiedener Art wehren. Sie soll keine Grenzen setzen und anderen nicht Einhalt gebieten. Sie soll quasi alles mit sich machen lassen, alle Ansprüche von außen stillschweigend erfüllen. Sie soll die perfekte Hausfrau, Geliebte, Mutter, Krankenschwester, Lehrerin sein. Sie soll die Kranken in der Familie pflegen, für den Alltag und seine Mühen verantwortlich sein. »Der Haustrottel, der allen den Rücken freihält. Die anderen Familienmitglieder kommen und gehen dann, wie es ihnen gerade passt. Ich bin die Servicestation, die Tankstelle, an der sich jeder unentgeltlich bedient«, so drückte es einmal eine Frau aus. Und genauso, wie eine Tankstelle pleite geht, wenn jeder das Bezahlen »vergisst«, so geht auch eine zu nette Frau kaputt, wenn sie nicht selbst irgendwo auftanken kann.

Wenn wir uns nicht wehren, also nicht vor schädlichen Einflüssen schützen dürfen, dann müssen wir stillhalten. Das heißt, wir halten aus, lassen etwas Unangenehmes über uns ergehen und hoffen, dass wir von irgendwoher einen Lohn dafür bekommen. Wir können uns vorübergehend »satt« machen, indem wir zu viel essen, zu viel trinken, rauchen, fernsehen, spielen. Aber wir werden nicht richtig satt. Wir machen mit dem Stillhalten einen Deal:

Ich lasse mich von dir missbrauchen, und du verlässt mich dafür nicht.

Unzählige Frauen halten in Beziehungen aus, die ihnen nicht gut tun. Und hoffen ... Sie glauben, wenn sie sich nicht wehren, dann wird sich alles zum Guten wenden. Im Gegenteil. Der Familientherapeut Bernd Hellinger sagte in einem Vortrag über Geben und Nehmen in Beziehungen: »Wo Unschuldige lieber leiden als handeln wollen, gibt es bald mehr Opfer und Böses als zuvor.«

Was soll das heißen? Hellinger geht davon aus, dass das Geben beim »Beschenkten« Schuld macht, Nehmen aber »Unschuld«. Wenn in Thailand morgens die Mönche von Passanten Essbares bekommen, so bedanken sich die Spender, nicht die Mönche. Sie bedanken sich, weil sie Gutes tun dürfen. Stellen Sie sich vor, jemand tut sehr viel für Sie, aber er wehrt sich hartnäckig dagegen, Ihnen die Gelegenheit für eine »Wiedergutmachung« zu geben. Wie fühlen Sie sich bei dieser Vorstellung? Wird Ihnen unwohl? Bekommen Sie ein schlechtes Gewissen? Wahrscheinlich bekämen Sie immer stärkere Schuldgefühle, die irgendwann in Wut und Aggression umschlügen.

Diese Wut und Aggression versteht der »Selbstlose«, der sich nicht wehrt, oftmals nicht. Er verzweifelt höchstens an der Undankbarkeit der Welt. Er hat nicht begriffen, dass die Konten in Beziehungen einigermaßen ausgeglichen sein müssen.

Die zu nette Frau, die sich nicht wehrt, möchte nach außen das Bild der aufopferungsvollen, verständnisvollen und selbstlosen Frau abgeben. Damit möchte sie den Kontenstand der Beziehung zu ihren Gunsten beeinflussen, um den anderen damit in der Hand zu haben. Mit diesem Pfand fühlt sie sich in der Beziehung sicherer, da der andere ihr noch etwas »schuldet«.

8. Gebot: Du sollst es dir nicht leicht machen

Ein richtiges Opfer ist erst dann ein Opfer, wenn es etwas gekostet hat. Das können Geld, Zeit, Energie, Blut, Schweiß oder Tränen sein. In früheren Jahrhunderten machten die Menschen Wallfahrten zu bekannten Kirchen, wenn sie eine gute Ernte eingefahren oder endlich Nachwuchs bekommen hatten. Sie konnten auch eine Wallfahrt machen, wenn sie sich diese Dinge wünschten. Dann »bezahlten« sie sozusagen schon im Voraus. Je mehr man »bezahlt« hat, desto mehr glaubt man, ein Recht darauf zu haben, dass die Wünsche in Erfüllung gehen. Und umso mehr ist man enttäuscht, wenn die Wünsche nicht erfüllt werden.

Wenn es sich eine zu nette Frau also schwer macht, dann hat sie ebenfalls irgendwo in ihrem Kopf den Anspruch, dass ihr das Opfer vergolten wird. Dies ist aber meist nicht der Fall. Oft weiß der andere gar nicht, dass das Opfer ein Opfer war. Der andere merkt nur die Verstimmtheit der zu netten Frau. Sie ist dann nörgelig, depressiv, launisch, aufbrausend. Sie schimpft und jammert. Sie selbst hat das Gefühl, alles müsste leichter, einfacher sein. Gleichzeitig hat sie Schuldgefühle, wenn die Dinge leicht sind. Sie hat ein schlechtes Gewissen, wenn sie im Urlaub nur am Strand liegt und nicht alle Sehenswürdigkeiten der Gegend abklappert. Sie hat ein schlechtes Gewissen, wenn sie bei schönem Wetter vor dem Fernseher sitzt, anstatt an die Luft zu gehen. Sie hat ein schlechtes Gewissen, wenn sie nachmittags um drei badet und nicht morgens wie andere Leute. Sie hat ein schlechtes Gewissen, wenn sie sonntagnachmittags im Schlafanzug herumlungert. Man könnte ein ganzes Buch mit Beispielen vollschreiben. Ein solches Verhalten führt oft geradewegs in die Depression. Wenn wir die Dinge so schwer nehmen, dann bekommen wir manchmal Mitleid von anderen. Wir werden geschont.

Wovor möchten wir denn verschont werden? Vor Anforderungen von außen? Wir möchten nicht gefordert werden. Das heißt dann aber konkret, dass wir uns nicht weiterentwickeln möchten.

Die Psychotherapeutin Doris Wolf schreibt, dass uns Schuldgefühle den »Vorteil« einbringen, dass wir »nicht unsere eigenen Regeln und Normen entwickeln müssen, sondern uns weiterhin an den in der Kindheit erlernten und formulierten Regeln orientieren«.[23]

Die Angst vor eigenständigem Denken scheint hier die treibende Kraft zu sein, die Angst, eigene Regeln aufstellen zu müssen und von anderen dafür missbilligt zu werden.

9. Gebot: Du sollst alles perfekt machen

Als ich im letzten Jahr die Burg Lichtenstein besuchte, las ich dort den Leitspruch des Grafen Eberhard im Barte an der Wand. »Recht oder gar nit.«

War Graf Eberhard ein Perfektionist? Wir wissen es nicht. Vielleicht war gemeint, dass er alles, was er anpackte, nach bestem Wissen und Können machte. Dann wäre er kein Perfektionist gewesen. Wenn er allerdings die Dinge, die er nicht auf Anhieb sehr gut konnte, überhaupt nicht in Angriff nahm, dann liegt der Verdacht auf Perfektionismus nahe. Perfektionisten müssen alles gut machen. Zu gut. Sie setzen keine Prioritäten. Dies wäre ja »eigenmächtiges« Verhalten. Und sie wägen nicht ab, wie viel Zeit verschiedene Tätigkeiten »wert« sind. Ich hatte einmal einen Studenten für Malerarbeiten beschäftigt. Er sollte in meiner Abwesenheit die Küche tapezieren. Als ich nach Hause kam, war die Küche nur halb tapeziert. Die restliche Zeit hatte der Student dazu verwendet, ein durch die Küche laufendes Heizungsrohr kunstvoll zu tapezieren. Das ist Perfektionismus. Dahinter steckt eine ungeheure Angst. Es ist die Angst, nicht gut genug zu sein, die Angst, kritisiert zu werden, die Angst, in den Augen der anderen versagt zu haben. Also versuchen wir die Dinge so zu machen, dass niemand etwas auszusetzen hat. Den Preis zahlen wir aus eigener Tasche: *unsere* Energie, *unsere* Zeit. Der Aufwand lohnt meist das Ergebnis nicht. Aber wenn wir Abstriche machen, kommen Schuldgefühle, Angst und Scham ans Licht. Diese können wir nicht ertragen.

Mit unserem Wohlverhalten in Sachen Perfektionismus versuchen wir unsere Umwelt in Schach zu halten, zu kontrollieren. »Wenn ich alles ganz toll mache, dann habt ihr nichts mehr zu meckern.« Viele zu nette Frauen hatten Eltern, denen sie nichts recht machen konnten. Die Anforderungen solcher Eltern waren extrem hoch und oft gar nicht zu erreichen. Zu nette Frauen versuchten es dennoch, indem sie noch besser (»perfekter«) wurden.

Der Perfektionist gibt sich keine Zeit, Dinge auszuprobieren, zu erfahren und zu lernen. Er müsste eigentlich alles schon gut können. Wenn er es nicht kann, schämt er sich. Wie gesagt, jemand, der gerne gründlich arbeitet und seine Sache gutmacht, ist noch kein Perfektionist. Der Perfektionist handelt aus einer Angst heraus und *muss* perfekt sein. Immer. Und das ist ungesund.

10. Gebot: Du sollst nicht zu mächtig sein

»In vielen Büchern … über die Power der Frau wird darauf hingewiesen, dass Männer Angst vor der weiblichen Macht haben. Wenn ich so etwas lese, greife ich mir immer stöhnend an den Kopf und möchte am liebsten laut ausrufen: ›Und was ist mit den Millionen Frauen, die sich vor der eigenen Power fürchten?‹« fragte Clarissa Pinkola Estés.[24]

Frauen verbinden mit »mächtig sein« dominierendes, aggressives, herrisches Verhalten. Sie möchten aber anderen nicht ihren Willen aufzwingen oder sie herumkommandieren. Frauen haben andere Kommunikationsmuster als Männer. Vereinfacht ausgedrückt möchten Frauen im Gespräch eine harmonische, intime Ebene mit ihrem Gegenüber finden. Männer klopfen im Gespräch eher ab, ob der andere ihnen über- oder unterlegen ist. Da werden keine »Schwächen« gezeigt, da wird »Stärke« demonstriert. Männer haben Hierarchien, Frauen halten sich eher an das ungeschriebene Gesetz, dass keine zu »dominant« sein darf.

»Wenn ein Mann durchsetzungsfähig, logisch, direkt, kompetent und mächtig erscheint, erhöht er seinen Wert als Mann. Wenn eine Frau durchsetzungsfähig, logisch, direkt, kompetent und mächtig erscheint, riskiert sie, ihren Wert als Frau zu untergraben.«[25]

Es ist noch nicht allzu lange her, da galt: »Gehorsame Frauen sind gute Frauen.«

Den »bösen«, eigenmächtigen Frauen ging es jahrtausendelang schlecht. Sie wurden bis ins 18. Jahrhundert als Hexen verbrannt, sie wurden (und werden in Saudi-Arabien immer noch) als Ehebrecherinnen gesteinigt und sie wurden bei uns als uneheliche Mütter bis ins späte 18. Jahrhundert öffentlich ausgepeitscht.

Heute geht es uns besser. Ausgrenzung, schiefe Blicke und Verachtung gibt es zwar immer noch, doch haben wir zum Glück die Möglichkeit, uns Freunde zu machen, die uns unterstützen und uns gut tun.

Frauen haben viel Macht. Nein, das ist kein Druckfehler. Überall, wo wir Verantwortung haben, überall, wo wir helfen, lehren, pflegen, unterstützen, putzen, waschen, kochen, einkaufen, anleiten, trösten, dienen, arbeiten, haben wir Macht. Andere sind von uns abhängig. Wir üben diese Macht aus und wir möchten sie nicht »missbrauchen«. Wir befürchten, herrschsüchtig, arrogant und überheblich zu wirken. Wir befürchten, dafür nicht mehr geliebt und ausgestoßen zu werden. Und deshalb wirkt das Gebot »Sei nicht zu mächtig« so gut.

Fazit: »Mach uns keine Schande«

Normen und Regeln werden aufgestellt, um das Zusammenleben vieler Menschen auf engem Raum reibungslos zu gestalten. Man könnte meinen, dass Regeln dann auch allen nützlich sind. In jeder Gesellschaft gibt es Mächtigere und weniger Mächtige. Im öffentlichen Leben waren und sind Frauen seit Jahrtausenden weniger mächtig als Männer. Diese Tatsache wirkt sich auch auf die Regeln aus. Die Mächtigen machten Regeln, um die weniger Mächtigen in Schach zu halten. Und wie hält man Frauen in Schach? Man gibt ihnen viel zu tun. Man hetzt sie gegeneinander auf (weibliche Konkurrenz), damit keine Solidarität zustande kommt. Und man ächtet alles, was Frauen für sich selbst tun. Eltern erziehen ihre Kinder – auch wenn ihnen dies oft nicht bewusst ist – für eine bestimmte Gesellschaftsform. Viele Eltern haben von ihren eigenen Eltern Normen und Regeln übernommen, die sie nie hinterfragt haben.

In meinem Fragebogen habe ich die Frauen gefragt, welches Frauenbild ihre Mütter vorlebten.

Die befragten Töchter waren zwischen 20 und 47 Jahre alt. Somit sind die Mütter zwischen 45 und 65 Jahre alt, also Kriegs- und Nachkriegsgeneration. Fast alle Mütter vermittelten ihren Töchtern, dass Männer den Frauen überlegen sind und dass Frauen sich unterordnen müssen, da sie finanziell abhängig sind. Die Töchter nahmen ihre Mütter als fremdbestimmt, nachgiebig, arbeitsam, fleißig und devot wahr. Sie hielten dem »schwer arbeitenden Familienernährer« den Rücken frei, trugen seine Entscheidungen mit und versorgten ihn mit Essen, Sex, frischer Wäsche und Streicheleinheiten.

Sie waren gute Hausfrauen (sauber, ordentlich, gute Köchinnen) und wussten sich anständig zu benehmen. Sie waren bescheiden, gingen nicht alleine aus, hatten kaum Freundinnen und konzentrierten sich ganz auf die Familie. Sie waren sexuell verklemmt, bemühten sich aber, attraktiv zu sein, um den »Mann zu halten«.

Das ideale Frauenbild der Mütter erfragte ich ebenfalls. Es war gespalten: Manche Mütter fanden es ganz in Ordnung, den Mann zum Lebensinhalt zu machen und sich für die Familie aufzuopfern. Andere hatten ein Idealbild, bei dem die Frau zusätzlich zum perfekten Haushalt auch noch etwas Geld »dazuverdienen« durfte. Eine Frau sollte auf jeden Fall eine gute Figur haben, gut aussehen, einen gut verdienenden Ehemann haben und nach Möglichkeit noch ein paar wohlgeratene Kinder. Außerdem sollte der Mann in der Lage sein, seiner Familie ein Haus zu »bieten«.

Ich fragte dann nach den Frauen, die zu Hause geachtet wurden. Ihre Eigenschaften ähnelten dem Frauenidealbild: Fleißig, unterwürfig, lieb, freundlich, intelligent sollten sie sein. Am interessantesten war die Frage nach den verachteten Frauen. Hier gingen die Meinungen am weitesten auseinander. Während in manchen Familien die »dummen Frauen«, die »ohne Berufsausbildung« und die »abhängigen« verachtet wurden, gab es in anderen Familien Verachtung für »zu« selbständige Frauen, die eigene Entscheidungen fällten. Linke Frauen, Lesben, Feministinnen, aufmüpfige und vulgäre Frauen (»viel Schminke und Minirock«) wurden verachtet, auch Frauen, die sich zu viel gefallen ließen oder offen hinter Männern her waren. Verheiratete Hausfrauen verachteten selbständige, alleinerziehende. Alleinlebende Frauen verachteten die wirtschaftliche Abhängigkeit der Hausfrau. »Ich hatte den Eindruck, dass Frauen mit Mann, die sich unterwarfen und den Haushalt gut führten, geachtete Frauen sind. Aber gleichzeitig waren sie auch verachtenswert wegen ihrer Unselbständigkeit. Wenn Frauen zu selbständig waren, dann hieß es, sie vernachlässigten ihre Familien und lebten nur zum eigenen Vergnügen. Egal, wie man es als Frau macht, es ist nie recht«, so drückte es eine Frau aus.

Die Botschaft ist verwirrend.

Frauen sollen selbständig sein – wenn es den Mann entlastet.

Frauen sollen unterwürfig sein – wenn es Mann und Kindern Vorteile bringt.

Sie sollen selbstsicher auftreten – wenn sie damit ihre Kinder schützen.

Und wer sorgt dafür, dass die Frau nicht zu kurz kommt?

Die Frau selbst? Wir werden noch sehen, dass es die Frau von ihren Kindern erwartet.

Interessant ist auch, dass eine Gruppe von Frauen die andere *verachtet*, anstatt sie zu *bedauern.*

Diese Verachtung unter Frauen drückt die generelle Verachtung von Frauen aus, die vielleicht schon auf die verführerische Eva im Paradies zurückgeht. Die Kirchen taten in dieser Hinsicht ein Übriges. Sie verpönten voreheliche Lust und schufen den Madonnen-Huren-Komplex, indem sie Sex zur Sünde erklärten, wenn er nicht der Fortpflanzung der Menschheit diente.

Verachtet werden macht Scham. Wer bereits fürs Frausein verachtet wird, sucht nach Möglichkeiten diese Scham zu verringern. Ganz vermeiden kann sie keine Frau.

Aber die Frauen bekamen eine Botschaft, wie die Scham sich verringern ließ:

»Mach den Eltern oder dem Ehemann keine Schande und sei uns nützlich.«

2. Eine heile Familie … mit Altlasten

Die ideale Tochter: Hilfsbereit und pflegeleicht

Scham und Schuldgefühle machen mürbe. Sie deprimieren und sie lähmen. Sie lassen Mut und Kampfgeist schwinden. Sie machen gefügig und zu nett.

Scham und Schuldgefühle kommen aus der Herkunftsfamilie, aus der Erziehung. Sie kommen aus offenen und verdeckten Normen und Regeln, die Eltern an ihre Kinder weitergegeben haben. Da für Mädchen immer noch andere Regeln gelten als für Jungen, müssen wir – um unserem eigenen »Nettsein« auf die Spur zu kommen – vor allem die verdeckten, impliziten Wünsche unserer Eltern erkennen. Unsere Eltern wollten uns auf eine bestimmte Art und Weise haben. Das ist normal und in allen Familien so. Keiner wünscht sich, dass seine Kinder unglücklich werden, dass sie krank, arbeitslos, rauschgift- oder alkoholabhängig werden. Die meisten Eltern wünschen sich, dass ihre Kinder lebenstüchtig werden, dass sie sich als Erwachsene selbst ernähren können, dass sie einen Beruf finden, in dem sie sich wohl fühlen und ihre Talente einsetzen können, dass sie Partner finden, mit denen sie gut klarkommen, dass sie eine Familie gründen oder auch alleine gut zurechtkommen. Das alles ist normal und gesund. Auch stolz dürfen Eltern auf ihr Kind sein.

»Das Problem liegt nicht darin, dass die Eltern auf das Kind stolz sind, sondern dass sie ihren *fehlenden Stolz auf sich selbst* durch die Leistungen des Kindes ausfüllen«, sagt die Psychoanalytikerin Bärbel Wardetzki.[26]

Und das ist der springende Punkt: Eltern sind oft selbst voller Scham und Minderwertigkeitsgefühle. Die Kinder sollen die Eltern aufwerten und ihnen Ehre machen. Durch das nette Verhalten fallen sie nach außen erst einmal angenehm auf. Sie sind höflich, freundlich, grüßen die Nachbarn, sagen bitte und danke. Sie sind in der Schule strebsam und gefügig. Auch das alleine ist noch nicht schlimm. Schlimm wird es erst dann, wenn das nette Verhalten zwanghaft wird und das Kind vergisst, was seine eigenen Wünsche und Bedürfnisse sind. Es muss *für* die Eltern bestimmte Eigenschaften zeigen. Das Kind bekommt eine Funktion. So wie Gudrun. Gudrun ist 28 Jahre alt und von Beruf Kunsterzieherin. Seit drei Jahren lebt sie mit einem Afrikaner zusammen. Diesen charakterisiert Gudrun kurz und bündig mit drei Begriffen: arbeitsscheu, versoffen, geil. Gudrun weiß, dass diese Beziehung keine »Zukunft« hat, und »möchte« sich von ihm trennen. Das hat sie auch schon zigmal gemacht – aber sie hielt es nie lange ohne ihn aus. Auch im Beruf ist Gudrun zu nett. Sie springt im Krankheitsfall von Kollegen immer ein. Sie geht trotz schwerer Erkältung in die Schule (»ich kann die Kollegen doch nicht so hängen lassen«) und sie kümmert sich um alles. Das ist sie gewohnt. Ich frage Gudrun, was ihre Eltern an ihr als Kind mochten. »Meine Eltern fanden es toll, dass ich in der Schule gute Noten hatte. Sie mussten mit mir nie üben oder Hausaufgaben betreuen. Ich war unauffällig und zuverlässig. Die Arbeiten, vor denen sich meine zwei Brüder drückten, machte dann ich. Freiwillig. Ich half viel im Haushalt und im Garten, was meiner Mutter gut gefiel. Meine Brüder waren rechte Rabauken und bekamen zu Hause viel Ärger. Da habe ich mir gedacht, wenn die beiden den Eltern schon so viel Ärger machen, dann muss wenigstens ich brav sein. Und die Eltern lobten mich viel. Auch für meine Häuslichkeit. Dabei hatte ich gar keine Wahl. In der Schule hatte ich keine richtigen Freundinnen. Viele hänselten mich wegen meines Übergewichtes. Aber da ich gut war und man bei mir abschreiben konnte, hatte ich so eine Art Schonraum. Ich ließ auch diejenigen abschreiben, die ich gar nicht leiden konnte. Dafür verachte ich mich heute noch.« Gudrun stockt. Ich frage weiter: »Und was, glauben Sie, mochte speziell Ihre Mutter an Ihnen?«

»Ich glaube, meiner Mutter war es sehr wichtig, dass sie mir alles erzählen konnte. Sie hatte keine richtigen Freundinnen und ich war ihre Vertraute. Außerdem schätzte sie meine Hilfe im Haushalt.«

»Und was mochte der Vater?«

»Wenn mein Vater von der Arbeit kam, dann brachte ich ihm seine Puschen und die Tageszeitung. Dann nannte er mich oft sein ›kleines Mägdlein‹. Ich fand den Ausdruck so altmodisch. Konnte nicht viel damit anfangen. Er meinte es wohl als Kompliment. Was er sonst noch an mir mochte, ist mir nicht klar. Hübsch fand er mich jedenfalls nicht. Vorzeigen konnte er mich auch nicht. Nur zu den Elternabenden ging er gerne. Dort wurde ich sehr gelobt, und er konnte sich in meinem Ruhm sonnen. Sonst fällt mir nichts mehr ein.«

Ich frage Gudrun nach Verhaltensweisen und Eigenschaften, die ihre Eltern an ihr nicht schätzten oder gar verachteten. »Also, Eigensinn, Sturheit und Dickköpfigkeit konnten sie partout nicht leiden. Auch wenn ich zu wählerisch war, zum Beispiel beim Essen, wurden sie rabiat. Dann musste ich den Teller immer leer essen. Was ich übrigens auch heute noch tue«, meint Gudrun und zeigt auf ihren gewölbten Bauch.

»Wenn ich ihre Regeln in Frage stellte, diskutierte und frech war. Ich kann mich noch an eine Ohrfeige meines Vaters erinnern, als ich circa zwölf war. Er fragte mich, warum ich beim Tischabräumen nur jeweils zwei Sachen hinaustrage. Ich antwortete, weil ich nur zwei Hände habe. Heute würde ich sagen, ich war schlagfertig. Damals galt es als unverschämt und frech. Und das wurde hart bestraft.«

Ich fragte auch noch andere Frauen, was die Eltern an ihnen schätzten. Wofür wurden die zu netten Frauen am häufigsten gelobt? Es ist nicht schwer zu raten: fürs Bravsein!

Sie wurden gelobt, wenn sie ruhig, zurückhaltend, gehorsam, unauffällig waren. Gute Noten in der Schule wurden hochgelobt, ebenso Aufgeschlossenheit, Beliebtheit, Häuslichkeit. Auch wenn sich die Mädchen gut alleine zu beschäftigen wussten und niemanden störten. Hilfsbereitschaft wurde geschätzt, Fleiß. Immer war es hochangesehen, wenn die Mädchen selbständig vorgeschriebene Arbeiten verrichteten. Wie kleine Dienerinnen.

Schimpf und Tadel zogen sich die Mädchen zu, wenn sie nicht gehorchten, wenn sie wenig zu Hause erzählten, wenn sie Regeln und Normen der Familie in Frage stellten, wenn sie ihre Wut offen zeigten. Manche wurden verachtet, wenn sie zu viel aßen, wenn sie anspruchsvoll (»mäkelig«), launisch, unzufrieden waren. Auch Neugier wurde negativ beurteilt! Ebenso Unternehmungslust, Eigenständigkeit, Kreativität und Begriffsstutzigkeit. Wenn die Mädchen widersprachen oder im Mittelpunkt stehen wollten, wurden sie gerügt. Manche mussten sogar ihre Brüder bedienen und deren Sachen aufräumen. Nein, ich spreche nicht vom Mittelalter, sondern von Kindheiten in den Sechziger- und Siebzigerjahren dieses Jahrhunderts.

Eine schlimme Sünde für Mädchen war es auch, wenn sie unordentlich und schlampig waren. Auch sollten sie sich nicht mit dem anderen Elternteil solidarisieren, sondern sowohl dem Vater als auch der Mutter gegenüber loyal sein.

Auf meine Frage, welche Tochter denn die Mutter ideal gefunden hätte, gab es viele aufschlußreiche Antworten. Außer lieb, fleißig, gut in der Schule wurde vor allem gewünscht, dass die Tochter immer für die Mutter da ist, dass sie die Mutter bemuttert, dass sie ihr zuhört, dass sie Mutters Sorgen teilt und sie ihr nach Möglichkeit eine Art Partnerersatz liefert. Nach außen sollte die ideale Tochter »vorzeigbar« sein. »Bis ich elf war, musste ich, wenn Besuch kam, einen Knicks machen«, kommentierte eine Frau auf dem Fragebogen.

Die zu netten Frauen sollten für ihre Mütter Entlastung bringen in Haushalt und Garten. Und Freundin, Zuhörerin und gehorsame Dienerin in einem sein. Sie sollten pflegeleicht und nützlich sein, zu Mutters Bedingungen.

Und die Väter, wie wollten sie die ideale Tochter haben?

Natürlich auch lieb, gehorsam, vorzeigbar und problemlos – wer will schon, dass sein Kind Probleme macht? Aber die Väter der befragten Frauen ließen im allgemeinen mehr Raum für Tapferkeit, Eigenständigkeit, selbständiges Denken, für Neugier und Intelligenz. Auch Fröhlichkeit und Respekt vor dem Vater wurden von ihm positiv vermerkt. Häufig wurde im Fragebogen auch darauf hingewiesen, dass die Väter den Umgang mit Jungen argwöhnisch betrachteten.

Die Väter hatten eine etwas andere Idealtochter als die Mütter. Die Tochter sollte auch für sie nützlich und hilfsbereit sein, aber sie durfte sich auch in dem engen Rahmen eher eigenständig bewegen. Sie durfte tapfer und mutig sein. Es sieht nun so aus, als ob die Mädchen bei ihren Vätern mehr Liberalität erfahren hätten. Sie erlebten ihre Väter tatkräftiger und weniger ängstlich als ihre Mütter, aber auch strenger und autoritärer. Die Väter, die die Eigenständigkeit und den Mut ihrer Töchter förderten, waren oft Väter, die sich eigentlich einen Sohn gewünscht hatten! Sie förderten nicht so sehr eine intelligente und souveräne zukünftige Frau, sondern eher ihren eigenen Traum vom Sohn.

»Du sollst es einmal besser haben«

»Meine Eltern hatten es immer schwer im Leben«, erzählt Gudrun, »beide kamen aus eher ärmlichen Verhältnissen. Als das erste Kind kam, war meine Mutter gerade mal neunzehn und mein Vater einundzwanzig. Im Grunde waren sie nicht reif für Kinder. Meine Mutter hatte keine Freundinnen. Andere Frauen sah sie eher als Konkurrenz um den Mann an. Sie hatte noch zwei Schwestern hier in der Stadt wohnen. Wenn diese zu Besuch kamen, dann wurde nur geschaut, was meine Mutter auf den Tisch brachte, ob alles sauber war, ob wir schön angezogen waren und was wir alles neu hatten. Es war meinen Eltern unheimlich wichtig, dass die Nachbarn und die Verwandtschaft beeindruckt waren. Sie wollten ›gut dastehen‹. Nach außen wollten sie als sauber, ordentlich, fleißig gelten. Genau das haben sie mir auch vermittelt. Und sie wollten – wie wohl die meisten Leute in den Sechzigern – am Wohlstand teilhaben. Ein Auto musste her, ein Kühlschrank, eine Einbauküche und ein Fernseher. Als meine Eltern die Prestigegüter der damaligen Zeit zusammengespart hatten und sie stolz der Verwandtschaft präsentierten, kam diese immer seltener zu Besuch. Ich glaube, sie waren neidisch. Sie konnten nicht mithalten. Durch das viele Arbeiten haben es meine Eltern versäumt, einen Freundeskreis aufzubauen. Sie hatten auch keine Hobbys. Als sie dann in den Siebzigerjahren ein Haus fast ausschließlich in Eigenarbeit bauten, wurde alles noch viel schlimmer. Sie waren jeden Abend und das ganze Wochenende auf dem Bau. Wir Kinder waren meist dabei. Wir halfen oder hingen herum. Ausflüge, Schwimmbadbesuche, Urlaub – alles gestrichen. Wir bauen das Haus nur für euch, hieß es, wenn wir meckerten. Ihr sollt es einmal besser haben. Über Gefühle wurde nie gesprochen. Die hatte man nicht zu haben. Die störten nur. Meine Mutter tut mir heute noch leid, weil sie einfach außer mir keine Seele hatte, mit der sie hätte offen reden können. Ich spürte damals schon, wie einsam sie war. Und ich versuchte ihr immer gut zuzuhören und eben, wie gesagt, pflegeleicht zu werden.«

Ich fragte Gudrun, was denn für ihre Eltern hieß, es besser zu haben.

»Auf jeden Fall hieß es, nicht so hart arbeiten zu müssen. Keine schmutzigen Hände bei der Arbeit zu bekommen. Es hieß auch, mehr Geld zu verdienen. Sich mehr leisten zu können. Für mich als Mädchen hieß es aber auch noch, einen ›guten Mann‹ zu bekommen. Weiter reichte der Horizont meiner Eltern leider nicht. ›Es besser haben‹ hieß einfach, es um eine Stufe leichter zu haben als meine Eltern damals. Es hieß nicht, eine selbstbestimmte Arbeit zu haben oder sexuelle Freiheit. Oder eine Putzhilfe oder drei Urlaube im Jahr oder ein Jahr im Ausland zu leben. Solche verwegenen Ziele kamen im Denken meiner Eltern nicht vor. Ich sollte ja ›anständig‹ bleiben und damit war der Rahmen schon sehr eng gesteckt. Es gab nur die Schablone: Hausfrau und Mutter. Es gab keine Schablone: Alleinlebende Karrierefrau. Als ich dann auf die Kunstakademie ging, hielten mich alle für durchgeknallt. Meine Eltern haben mich am Studienort nur ein einziges Mal besucht. Sie schämten sich für mich. Als sie einige meiner Freunde sahen, zuckte es in ihren Gesichtern. Ich war ein gefallenes Mädchen. Wie es mir ging, war nie ein Thema. Nur die Fassade nach außen zählte. Was sollten sie den Nachbarn und Verwandten erzählen? Ich bekam nur noch Vorwürfe, die Scham und die Wut meiner Eltern waren riesengroß. Da hatten sie so viel in mich investiert – und nun das. Erst als ich mich dann entschloß, Kunsterzieherin am Gymnasium zu werden, wurde es besser. Die Lage entspannte sich. Nun konnte man der Nachbarschaft wenigstens eine Lehrerin vorzeigen. Und der schwarze Freund musste ja nicht mitkommen, wenn ich sie besuchte. Heimlich steckt mir meine Mutter heute noch ab und an ein paar hundert Mark zu, damit ich mir etwas ›Anständiges‹ zum Anziehen kaufen kann. Denn schöne Klamotten gehören auch zum ›besseren‹ Leben.«

Wie Gudrun kommen viele zu nette Frauen aus Elternhäusern, in denen die nach außen blankpolierte Fassade das Wichtigste ist. Nur wenn viel Scham im Hintergrund lauert, muss die Fassade blank sein. Wenn ich mich schäme, weil ich schlampig bin, werde ich versuchen, nach außen als besonders ordentlich zu erscheinen. Wenn ich mich schäme dumm zu sein, versuche ich mir und den anderen meine Intelligenz zu beweisen. Wenn ich mich wegen meiner Armut schäme, versuche ich nach außen anzugeben und Prestigegüter vorzuzeigen. Wenn ich aber glaube, dass Armut, Begriffsstutzigkeit und Lässigkeit keine Schande sind, dann kann ich damit locker umgehen und muss keinem verkrampft das Gegenteil beweisen. Ich bin dann so, wie ich eben gerade bin. Mal ordentlich, mal nicht, mal dumm, aber oft auch nicht. Arm, aber im Moment zufrieden.

Je zwanghafter und undurchdringlicher die Fassade ist, desto ausufernder sind die Schamgefühle dahinter.

Man wünscht seinen Kindern oft etwas, was man selbst gerne gehabt hätte. Eine Mutter, die nicht Medizin studieren durfte, weil es für ein Mädchen »Verschwendung« gewesen wäre, drängt jetzt ihre Tochter dazu. Die Tochter macht aber lieber eine Schreinerlehre, was ihr das Unverständnis und die Verachtung der Mutter einträgt. Eine zu nette Tochter würde nun Medizin studieren, um nicht die Achtung, die Liebe und das Wohlwollen der Mutter zu verlieren.

Mütter mit schlechten Ehen wünschen ihren Töchtern oft, dass sie im Beruf erfolgreich sind, nicht heiraten und keine Kinder bekommen. Oder den »perfekten« Schwiegersohn, der zu allem ja sagt.

Der solide Schwiegersohn

Auch der Schwiegersohn hat eine Funktion in unserer »heilen« Familie, aus der die zu nette Frau kommt. Oft sind »heile« Familien traditionelle, konservative Familien, in denen der Schwiegersohn ins Bild passen soll.

Wenn vor vielen Jahren ein junger Mann beim zukünftigen Schwiegervater um die Hand der Tochter anhielt, dann war die Frage, ob er die Tochter denn auch ernähren könne, obligatorisch. Als die Familien vorwiegend Wirtschaftsgemeinschaften waren, brachte der »Ernährer« das Geld heim. Auf Grund des Status als Ernährer war der Mann am meisten »wert« in der Familie. Anknüpfend an diese Tradition sollte der Schwiegersohn für die Mütter und Väter der von mir befragten Frauen »im Beruf erfolgreich« und möglichst »vermögend« sein. Geld und Ansehen waren die Merkmale, die am häufigsten genannt wurden. Auch zuverlässig, fleißig und handwerklich begabt wurden häufig aufgeführt.

Der solide Schwiegersohn sollte die Tochter ernähren, der ganzen Familie Ehre machen durch sein Ansehen, gut brauchbar sein für Alltagszipperlein (Arzt) und die kleinen und großen Reparaturen im Haushalt erledigen (handwerklich begabt). Und er sollte die Tochter »im Zaum« halten. Die Mütter wollten einen Schwiegersohn, der die Aufgaben der Eltern fortführte. Mehrere Frauen drückten es drastisch aus: »Er soll Mutter und mich auf Händen tragen.« So brauchten dann beide nicht *selbständig* zu werden.

Während bei den Müttern auch gutes Aussehen und Kinderliebe des Schwiegersohnes öfters genannt wurden, hatten die

Väter etwas andere Vorstellungen. Ihr idealer Schwiegersohn sollte »beruflich erfolgreich, durchsetzungsfähig, vermögend« sein, ein »Vorzeigeschwiegersohn mit Häusern und Geld«, »vernünftig, sparsam, möglichst Ingenieur«, »vernünftig, mit anständigem Beruf«, »einer, der die Tochter gut versorgt«. Es kamen aber auch vereinzelt Antworten wie »verständnisvoll« und »umgänglich«. Die Väter wünschten sich nicht so sehr einen Schwiegersohn, der sie »auf Händen« trägt und sie umsorgt, sondern einen, der eher so ist wie sie selbst.

Meine Untersuchung ist natürlich nicht repräsentativ, aber sie zeigt eine Tendenz auf. Und diese Tendenz ist eindeutig: Der Schwiegersohn sollte vernünftig und solide sein. Eine einzige Frau war es nur, die angab, dass es ihrer Mutter wohl wichtig sei, dass der Schwiegersohn »gut im Bett« sei.

Nun wühlen wir bereits in den »Altlasten« der heilen Familie. Aber wir müssen noch ein bisschen tiefer schürfen, wenn wir verstehen wollen, warum es die Frauen sind, die sich zu nett, zu angepasst und zu unterwürfig verhalten.

Bescheiden, sittsam und rein

»Sei wie das Veilchen im Moose, bescheiden, sittsam und rein – nicht wie die stolze Rose, die stets nur bewundert will sein.« Diesen Spruch schrieb mir eine Klassenkameradin im Jahre 1960 ins Poesiealbum. Damals verstand ich nicht, was der Spruch sagen wollte. Ich fand ihn albern. Bescheiden, sittsam und rein. Damit konnte ich als Zehnjährige nichts anfangen. Erst viele Jahre später, als ich mit zu netten Frauen arbeitete, fiel er mir wieder ein. Die zu nette Frau ist die Idealfrau des 18. und 19. Jahrhunderts. Auch des 20. Jahrhunderts?

Erst seit ein, zwei Jahren gibt es in Deutschland das Delikt der Vergewaltigung in der Ehe. Vorher »durfte« sich ein Mann holen, was ihm »zustand«. Es gab die eheliche Pflicht für die Frau. Bis weit in die Siebzigerjahre hinein durfte die Frau nur berufstätig sein, wenn sie Haushalt und Kinder nicht vernachlässigte. Der Mann konnte ohne ihre Zustimmung ihre Arbeitsstelle kündigen. Auch über die eheliche Wohnung konnte er bestimmen. Er konnte sie auflösen oder bestimmen, dass die Familie woanders hinzog. Im Scheidungsrecht gab es das Schuldprinzip. Danach war der finanziell stärkere Partner nur dann zu Unterhalt verpflichtet, wenn er die Scheidung selbst wollte oder ihm »Schuld« nachgewiesen werden konnte. Erst 1977 wurde das Familienrecht geändert und die Frau war nicht mehr per Gesetz für den Haushalt zuständig, der Mann nicht mehr auf die Ernährerrolle festgeschrieben.

Bis 1953 hieß es im alten Bürgerlichen Gesetzbuch: »Das Vermögen der Frau wird durch die Eheschließung der Verwaltung des Mannes unterworfen.«

Erst 1970 waren in Deutschland nichteheliche Kinder rechtlich mit ihren Vätern verwandt. Vorher waren sie lediglich das »Hobby« von Frauen mit »unsittlichem Lebenswandel«. Wenn ein Vater mit seinem Kind verwandt sein wollte, dann musste er heiraten.

Auch mit sexueller Freiheit war es nicht weit her. Die Kirchen wetterten gegen vorehelichen Sex. Als Jungfrau in die Ehe zu gehen lautete das Gebot. Das Weiß des Brautkleides symbolisiert Jungfräulichkeit. Die Pille kam erst 1961 auf den Markt.

Frauen wurden erst 1958 im Grundgesetz den Männern gleichgestellt. So jung ist die Gleichberechtigung! 1959 fiel der Stichentscheid weg: Bis dahin hatte der Ehemann in allen Fragen des Sorgerechts das letzte Wort.

Wen wundert es da noch, dass Eltern sich für ihre Töchter einen soliden Schwiegersohn wünschten?

»Sei ein deutsches Mädel, tapfer, treu und schlicht. Trage Gott im Herzen, fürchte Menschen nicht«, war ein anderer Poesiealbumspruch, mit dem mich eine Freundin beglückte.

Auch dieser Spruch betont (tapfer, treu und schlicht) das Ideal der Zurückhaltung, der Selbstlosigkeit, des Durchhaltens. Die Eigenschaften der zu netten Frau waren sehr gefragt. Nur wenn sie gefügig war, konnte man sie be-herr-schen. Schürfen wir aber noch tiefer. Erst 1890 wurden Frauen in Deutschland (in Baden) zum Studium zugelassen. Frauen sollten heiraten und nicht studieren. Der Hochzeitstag galt als der »schönste Tag im Leben einer Frau«.

Die Einstellung, dass Mädchen »sowieso« heiraten und sie deshalb keine teure Ausbildung brauchen, hat sich in den unteren Bevölkerungsschichten bis in die Siebzigerjahre hinein gehalten. In manchen Köpfen geistert sie heute noch herum. Wenn eine Frau einen »Ernährer« hatte, hatte sie es nicht mehr »nötig«, sich selbst zu unterhalten. Also galt es nur noch, einen geeigneten Ernährer zu finden.

Schon anhand dieser wenigen Hinweise wird deutlich, dass die Unterdrückung von Frauen eine lange Tradition hat und dass alle Frauen – ob nun nett oder nicht – ihr Fett abgekriegt haben. Es hat sich im Laufe der Jahrzehnte vieles geändert, zumindest äußerlich. Die subtilen Formen des Anpassungsdruckes sind aber noch da. Sie warten darauf, entdeckt und bekämpft zu werden.

Mutters Trennungsangst

Der Sinn des Nettseins ist das Einpassen in eine Rolle, in die Rolle der aufopferungsvollen, gehorsamen und selbstlosen Frau. In den letzten 70 Jahren emanzipierte sich jede Generation von Frauen ein bisschen mehr und wurde selbstbewusster, aufmüpfiger und unabhängiger.

Stellen wir uns eine junge Mutter Ende der Sechzigerjahre vor. Sie »arbeitet« nicht, sondern ist Hausfrau. Sie hat zwei kleine Kinder und wohnt als »grüne Witwe« in einer Trabantenstadt. Der Mann hat sich hochgearbeitet, hat ein eigenes Geschäft. Eine solche Frau ist Magda H. (53). Ich lernte sie kennen, weil ihre Tochter an Magersucht erkrankte. Erst dann kam sie auf die Idee, dass in der Familie irgendetwas nicht stimmen könnte.

Als Magda klar wurde, dass sie selbst an der Krankheit ihrer Tochter ihren Anteil hatte, ging sie in eine Psychotherapie. Nach einem Jahr Therapie war ihr klarer, was Sache war.

Aus ihrer Herkunftsfamilie kam Magda hungrig nach Anerkennung und Geliebtwerden heraus und hoffte alles, was sie entbehren musste, bei ihrem Mann zu bekommen. Dieser konnte es ihr nicht geben, zumindest nicht in dem Ausmaß, wie Magda es gebraucht hätte. Erst die Tochter musste ihr geben, was sie brauchte. Sie wurde von Magda »narzisstisch besetzt«, das heißt für Magdas Zwecke eingesetzt. Maike, die Tochter, machte ihre Arbeit gut. Sie las ihrer Mutter die geheimen Wünsche von den Augen ab und erfüllte sie stillschweigend. Ideal oder? Der Preis war hoch. Maike entwickelte keine altersgerechte Selbständigkeit und Magda blieb in ihrer Entwicklung ebenfalls stehen. Warum sollte sie Freundinnen suchen oder Hobbys entwickeln? Sie hatte ja Maike. Und Maike war immer bereit, auf die Wünsche der Mutter einzugehen. Maike dachte, sie hätte keine andere Wahl.

Ablösen verboten!

Das Verbot, sich von seiner Mutter innerlich und äußerlich abzulösen und ein eigenständiger Mensch zu werden, nennt man in der Psychologie Separierungsverbot. Das Zu-nett-Sein hat mit diesem Verbot, sich abzulösen, zu tun. Das Nettsein gibt dem anderen die Illusion, dass man auf seiner Seite ist, dass man nicht so »böse« ist und etwas anderes meint, wünscht oder denkt. Das Separierungsverbot hängt mit dem Wunsch nach Symbiose zusammen. Eine Symbiose (griech. Zusammenleben) ist in der Biologie eine enge Lebensgemeinschaft von zwei Lebewesen, die beiden nützt. Auch Mutter und Kind bilden im ersten Lebenshalbjahr eine Symbiose. Der menschliche Säugling ist auf sehr intensive Pflege angewiesen. Rund um die Uhr. Sieben Tage die Woche. Damit die

Mutter dieses »Opfer« bringt, hat die Natur ihr einen starken Instinkt eingepflanzt. Der ganze Körper reagiert auf den Säugling. Beim kleinsten Laut ihres Kindes ist die Mutter hellwach. Wenn er schreit, schießt ihr die Milch in die Brüste. Wenn sie von ihrem Liebling Stunden getrennt ist, treibt die Sehnsucht sie zurück. Voraussetzung ist jedoch, dass der Mutter-Kind-Kontakt gleich nach der Geburt eng und ununterbrochen ist. Diesen engen Kontakt nennt man Bonding. Kommt kein Bonding zustande, dann ist der Säugling der Mutter eher lästig. Sie gibt ihn dann gerne ab, um sich »auszuruhen«. Sie füttert nach dem Vier-Stunden-Rhythmus. Sie hält es aus, das Schreien des Kindes zu ignorieren. Die Signale des Säuglings lösen in ihr oft Aggressionen aus, da der Säugling etwas von ihr will. Eine Mutter, bei der das Bonding zustande kam, genießt ihren Säugling. Meistens jedenfalls. Sie lacht und schäkert mit ihm. Der Säugling gibt ihr Zuwendung und Anerkennung. Er hält sie bei Laune. Darauf ist er existenziell angewiesen. Wenn die Mutter ihn verlässt, muss er im Extremfall sterben. Die Mutter wiederum muss die Bedürfnisse des Säuglings erfühlen. Den Wunsch nach Herumgetragenwerden, nach einer sauberen Windel, nach Wärme, Ruhe, nach Reizabschirmung, nach neuen Reizen. Sie ist es nach einiger Zeit gewöhnt, stellvertretend für das Kind zu denken und zu handeln. Das Kind ist ganz auf die Mutter angewiesen, und in dieser Phase kann die Mutter das genießen.

Ich erinnere mich noch gut, als ich meinen Sohn als Baby spazieren fuhr. Fast jede ältere Frau, die wir auf unserem Weg trafen, steckte ihren Kopf in den Wagen und stellte die obligatorischen Fragen: »Wie alt ist es denn? Mädchen oder Junge?« Und gleich danach kam die Bemerkung: »Das ist ein schönes Alter. Da gehören die Kinder noch ganz der Mutter.«

Und tatsächlich wird die ständige Verfügbarkeit für die Bedürfnisse des Säuglings und die durchwachten Nächte mit einem wunderschönen Gefühl belohnt: dem Gefühl der Einheit mit dem Kind. Das ist Symbiose. Genau diese Einheit haben die meisten Frauen im Kopf, wenn sie sich ein Kind wünschen. Man stellt sich ja, wenn man sich ein Kind wünscht, keinen problematischen, aufmüpfigen Pubertierenden vor, sondern einen süßen Säugling, mit dem man (noch) machen kann, was man will.

In dem Maße, wie dem Säugling eigene Fähigkeiten und Kräfte zuwachsen, braucht er die Mutter weniger. Mit drei Monaten kann er selbst zugreifen, mit einem halben Jahr sitzt er alleine und mit sieben Monaten bekommt er eigene Zähne. Mit acht Monaten krabbelt er weg von der Mutter, mit einem Jahr beginnt er zu laufen. Die Mutter muss nun nicht mehr nur bemuttern, sondern ihn auch allmählich selbst Dinge machen lassen, die er kann. Sie muss loslassen, gewähren lassen.

Mit eineinhalb fängt die Phase der Welteroberung an. Das Kind »kann« schon einiges: Regale ausräumen, Töpfe vom Herd ziehen, Tischtücher herunterziehen, Knöpfe andrehen. Es »begreift« die Welt. Nun muss die Mutter ihm Freiraum lassen, aber es auch vor Gefahren schützen. Wird jetzt ein Kind den größten Teil des Tages in den Laufstall gesperrt, dann wird sein Horizont eingeengt und seine motorischen Fähigkeiten entwickeln sich nicht optimal.

Es ist für Mütter oft schwierig herauszufinden, ob sie ihr Kind gewähren lassen oder es schützen sollen.

Als Mutter schwankt man dann zwischen Überfürsorge und Vernachlässigung. Es gibt keinen objektiven Maßstab für richtig und falsch. Man weiß meist erst hinterher, ob man zu lasch oder zu streng war. Auch eine wenig bedürftige Mutter hat diese Schwierigkeiten.

Der Knackpunkt sitzt woanders. Ein Kind wehrt sich gegen ein Ablösungsverbot. Und die Mutter muss *erkennen,* dass es sich wehrt.

Eine Mutter hat die undankbare Rolle einer sozialen Instanz, die das Kind an gesellschaftliche Regeln anpassen muss. Andererseits möchte sie ihrem Kind möglichst wenig Zwang antun. Sie möchte ihm Freiraum lassen, aber sie muss das Kind auch schützen, da es sich selbst nur sehr unzureichend schützen kann. So muss sie täglich viele kleine Kompromisse finden. Solange sich ein Kind gegen Übergriffe der Mutter noch wehrt und Signale aussendet (»frech und aufmüpfig ist«), kann die

Mutter ihr eigenes Verhalten hinterfragen und eventuell verändern.

Die Mutter muss das Kind loslassen, aber ihm auch noch einen sicheren »Heimathafen« bieten, in den es jederzeit zurückkehren kann und wo es »auftanken« darf.

Auftanken heißt Liebe, Geborgenheit und Anleitung zu bekommen, aber auch Grenzen und Halt. Das klappt am besten, wenn die Eltern das Kind gefühlsmäßig nicht so dringend für ihre eigenen Zwecke brauchen. Ein Beispiel zur Verdeutlichung:

Draußen brennt die Sonne heiß. Mein Sohn (7) und ich möchten ins nächstgelegene Schwimmbad gehen. Er geht noch kurz zu den Nachbarn. Diese rüsten auch fürs Schwimmbad. Sie wollen mit dem Auto fahren, ich mit dem Fahrrad. Mein Sohn möchte mit den Nachbarn fahren, weil es bequemer ist. »Und«, eröffnet er mir, »im Bad lege ich mich dann zu ihnen, nicht zu dir.« Ich schlucke. Ich bemerke, wie er mich sorgfältig beobachtet. Und ich weiß, ich bräuchte jetzt nur ganz leicht zu protestieren und er bekäme solche Schuldgefühle, dass er sich zu mir legen würde. »Du kannst dich hinlegen, wo du möchtest. Und wenn du magst, dann kannst du mich ja besuchen.« Das Kind ist zufrieden und verspricht mir vorbeizukommen. Die Nachbarn sind natürlich schneller im Bad als ich. Sie liegen in der prallen Sonne. Dort ist es mir zu heiß. Ich begrüße sie und sie bieten mir an, mich dazuzulegen. Ich lege mich in der Nähe in den Schatten. Die Kinder pendeln hin und her. Als die Sonne weg ist, lege ich mich mit zu den Nachbarn.

Eine Mutter, die nun gefühlsmäßig sehr darauf angewiesen ist, dass sie *immer* die Nummer eins bei ihrem Kind ist, hätte ganz anders reagiert. Sie hätte dem Kind entweder Schuldgefühle gemacht (»wer hat dich denn großgezogen, die oder ich?«) oder ihm befohlen, sich zu ihr zu legen (»du legst dich zu mir, dann kann ich sehen, was du machst«).

Dann wird ein Kind sich irgendwann nicht mehr wehren, sondern sich fügen. Es möchte der Mutter nicht wehtun. Und dann wird es »zu nett«. Es möchte niemanden enttäuschen und niemandem wehtun – außer sich selbst.

»Ich hab's doch nur gut gemeint«

Wenn Astrids Mutter zu Besuch kommt, dann bringt sie jedes Mal etwas mit. Astrid ist gerade ins neue Haus eingezogen und die Wände sind noch kahl. Die Mutter bringt selbst gemachte Gestecke, Bilder, Kalender mit. Das Problem ist nur – die Mutter hat einen anderen Geschmack als Astrid. Wenn die Dinge beim nächsten Besuch nicht an der Wand hängen, hakt die Mutter nach. Astrid redet sich dann heraus, dass sie noch keine Gelegenheit gehabt habe, die Sachen aufzuhängen. Eigentlich hat sie keine Lust, die Sachen aufzuhängen, aber sie wird es dennoch tun. Die Mutter hat es ja soo gut gemeint.

Eine andere Mutter rennt noch hinter ihrer fünfzehnjährigen Tochter her, um ihr eine Mütze aufzusetzen. Die Mutter meint es »gut«. Sie möchte nicht, dass die Tochter friert.

Eine Studentin bekommt häufig Besuch von ihrer Mutter. Die Mutter putzt jedes Mal unaufgefordert das Zimmer. Die Studentin ist jedes Mal hinterher frustriert. Aber sie wehrt sich nicht gegen die Übergriffe, da es die Mutter ja »gut« meint.

Ein handwerklich begabter Vater macht auf Zuruf seiner Tochter alle anfallenden Reparaturen. Er meint, er muss nun aber auch einen Schlüssel zu der Wohnung bekommen, damit er immer in die Wohnung kann, um dort – wenn er gerade Zeit hat – die Reparaturen zu erledigen. Als die Tochter ihm dies verwehrt, ist er beleidigt und beruft sich darauf, dass er es doch nur »gut« meine.

Eine Frau organisiert eine Geburtstagsfete. Die Eltern hat sie auch eingeladen. Diese sehen sich sofort in der Rolle der Gastgeber. Sie möchten, dass das Fest gelingt und die Tochter nicht »blamiert« ist. Die Mutter wischt alle Gläser nach, bevor sie einschenkt, rührt in der Küche im Essen, damit es nicht anbrennt. Der Vater fordert die Tochter alle drei Minuten auf, ihren Gästen nachzuschenken. Am Abend könnte die Tochter Amok laufen. Keiner versteht es. Alle haben es »gut« gemeint.

Eine andere Frau hat sich eine Wohnung angemietet und wird bald umziehen. Täglich kommt die Mutter mit einem praktischen Haushaltsgegenstand an und meint: »Das gebe ich dir noch mit.« Die Tochter lehnt alles ab, obwohl sie es gut gebrauchen könnte. Die Mutter fragt nie nach, ob die Tochter die Dinge überhaupt haben *will.* Aber sie meint es ebenfalls »gut«.

Wenn es einer wirklich gut mit uns meint, dann drängt er uns seine Dienste nicht auf. Er »beglückt« uns auch nicht gegen unseren Willen und versucht uns einzureden, wir seien dumm oder undankbar, wenn wir seine Dienste *nicht* in Anspruch nehmen. Und er verlangt auch nicht den Preis des Wohlverhaltens dafür.

Ein Mensch, der Dankbarkeit verlangt, investiert. Das heißt, er gibt zunächst einmal. Er hat aber dabei immer eine Gegenleistung im Auge.

Jemand schenkt dir einen Sack alter Kartoffeln und du nimmst ihn an, weil du ihn nicht enttäuschen möchtest. Nun fordert er aber stillschweigend einen Sack leckerer Äpfel. Wenn du sie ihm nicht gibst, fühlt er sich »ausgenutzt«. Nach diesem Muster laufen diese Beziehungen ab, bei denen es jemand »gut« meint.

Wenn wir es mit jemandem gut meinen, dann sollten wir uns immer fragen, ob wir es nicht mit uns selbst gut meinen.

Ob unser Image auf dem Spiel steht, ob wir den anderen auf uns verpflichten möchten, ob wir gelegentlich Gegenleistung erwarten.

Es könnte nun der Eindruck entstehen, dass ich Hilfsbereitschaft verteufeln möchte. Mitnichten.

»Geben ist seliger als nehmen«, steht schon in der Bibel. Jemandem zu helfen hinterlässt ein gutes Gefühl. Es bringt einen dem anderen näher. Das Helfen muss aus dem Herzen kommen, nicht aus dem Verstand. Jedes berechnende Helfen ist Investieren. Investieren ist auch in Ordnung. Es darf nur nicht als »selbstlose« Hilfe deklariert werden.

Zu nette Frauen meinen es auch »gut«, wenn sie sich fügen, still halten oder übergefällig sind. Auch sie erwarten eine Gegenleistung: Liebe, Anerkennung, Solidarität. Kein Mensch ist ganz frei davon.

Dieses Investieren von Anpassung ist Teil des Separierungsverbotes. Die Botschaft lautet: »Ich tue alles für dich. Aber nur, wenn du (emotional) bei mir bleibst, mich nicht verrätst und mich nicht verlässt.«

Diese Botschaft ist meist nicht bewusst. Durch die eigene narzisstische Bedürftigkeit ist die Mutter (oder sind die Eltern) nicht in der Lage, sich in ihre Tochter einzufühlen. Zumindest nicht in Situationen, in denen die Mutter unbedingt »gut dastehen« muss.

Nach Wardetzki ist die fehlende mütterliche Empathie ein Kristallisationspunkt der narzisstischen Störung. Diese mangelnde Empathie (Einfühlung) bezüglich der wahren Bedürfnisse ihrer Tochter führt dazu, dass Perfektion und Leistung hohe Erziehungsziele werden. Auf der einen Seite. Auf der anderen Seite wird zur Genußunfähigkeit erzogen: Erst die Arbeit, dann das Vergnügen. Solange es noch »Vergnügen« gibt, mag das nicht falsch sein. Was ist aber, wenn es vor lauter Arbeit kein Vergnügen mehr gibt? Wenn nur noch die »Vernunft« regiert?

Die zehn Gebote der ewigen Symbiose

Eine gelungene Symbiose ist die Voraussetzung für einen gesunden Loslösungs- und Individuationsprozess. Dieser wiederum ist die Voraussetzung für ein stabiles Identitätsgefühl, sagt die Kinderanalytikerin Margaret S. Mahler. Wie gesagt, die frühe Mutter-Kind-Beziehung ist eine Symbiose. Ein Kind kommt sehr unreif zur Welt und ist darauf angewiesen, dass die Mutter seine Bedürfnisse nach Nahrung, einer frischen Windel, Reizabschirmung und Getragenwerden erfühlt und erfüllt. Die Mutter ist in dieser Zeit idealerweise ganz für das Kind verfügbar – wenn das Kind es will. Mit zunehmender Entwicklung und Differenzierung seiner Wahrnehmung und Fortbewegungsmöglichkeiten strebt das Kind zeitweise von der

Mutter weg. Ganz konkret: Das Kind kann mit acht Monaten krabbeln und krabbelt durch die ganze Wohnung. Es geht auf Entdeckungsreise. Aber nur, wenn es die Mutter sicher im Hintergrund weiß. Verlässt die Mutter die Wohnung, dann wird das Kind sofort panisch, es weint der Mutter hinterher und die Entdeckungsreise ist sofort vergessen. Ein Kind, das nie weiß, ob es – wenn es das Zimmer verlässt – die Mutter hinterher noch vorfindet, wird sich anklammern. Es bewacht die Mutter. Wenn ihm die Mutter abhanden kommt, so kann das den Tod bedeuten. Viele Säugetierkinder verhalten sich so. Zur gelungenen Symbiose gehört, dass das Kind das Vertrauen entwickelt hat, dass jemand da ist, der für es sorgt und bei dem es auftanken kann. Dies ist meist die Mutter. Erst wenn ein gewisses Urvertrauen entwickelt ist, wird der Radius, innerhalb dessen sich das Kind bewegt, größer und größer. Und die Abstände zwischen den Akten des Auftankens werden länger. Das Vertrauen in die eigenen Fähigkeiten wächst. Wird das Kind im ersten Lebensjahr von den Eltern getrennt, kann die Symbiose gestört werden. Dann stoppt die Entwicklung. Das Kind wird passiv, depressiv und interessiert sich weniger für die Dinge. Das Neugierverhalten geht zurück. Je nach Dauer und Ausmaß der Verlassenheit kann diese Entwicklungsverzögerung wieder aufgeholt werden, oder aber es bleiben Schäden zurück (Trennungsängste). Bis hin zur schweren Depression. Oft bleibt ein Defizit zurück, ein Defizit an Wärme, Geborgenheit, Sicherheit, Ermutigung. Diese werden ein Leben lang gesucht, meist in Beziehungen zum anderen Geschlecht. Diese alten Bedürfnisse sind aber unersättlich, weil sie aus der Kindheit kommen und im Heute nur sehr unzureichend befriedigt werden. Wer hat schon Lust, für einen anderen Erwachsenen rundum die gute Mutter zu spielen? Eine misslungene Symbiose kann aber nicht nur durch Vernachlässigung, sondern auch durch ein Ablöseverbot (Separierungsverbot) entstehen. Solche Kinder sind sehr belastet.

Die Mutter braucht die Symbiose für sich selbst, weil sie als Kind von ihrer eigenen Mutter nicht genug bekam. Dann gibt sie dem Kind die Botschaft, dass es sich nicht lösen darf, nicht selbständig werden darf und immer für Mutters Wohlergehen verantwortlich ist.

Da die Mutter emotional für sich selbst nicht sorgen kann, liefert sie der Tochter auch noch ein Modell der Konfliktunfähigkeit, des mangelnden Durchsetzungsvermögens und der latenten Aggressivität. Denn so viel Abhängigkeit und Hilflosigkeit macht Groll. Die Mutter manipuliert mit den Tricks der Machtlosen: durch Schmeicheln, Schuldgefühle machen, die eigenen Investitionen aufzählen, Flucht in die Krankheit und so weiter.

Die Mutter möchte in der Symbiose mit der Tochter nicht die Rolle der sorgenden Mutter einnehmen, sondern wieder die Kindrolle. Und sie versucht die Tochter in die Mutterrolle zu drängen. Bei einer »begabten« Tochter schafft sie das auch.

Nur: Die Mutter bremst damit ihre eigene Entwicklung und die der Tochter dazu.

Wie ein Schmarotzer frisst sie sich im Leben der Tochter fest. »Kurz vor der Hochzeit hatte ich mir ein Tafelservice ausgesucht«, erzählte Nina. »Meine Mutter war dabei, als ich es kaufte. Ansonsten hatte sie nichts damit zu tun. Als dann eine Nachbarin zu uns kam, zerrte sie mein Service aus der Geschenkpackung und zeigte es ihr. ›Das haben wir uns ausgesucht. Und wir mussten lange suchen, bis wir so etwas Schönes gefunden haben.‹ Ich war stinksauer und hätte ihr das Service am liebsten an den Kopf geworfen.« Nina sieht man ihre Empörung heute noch an.

Virginia hat eine ähnliche Erfahrung gemacht. Sie bekam von der Polizei einen Strafzettel, weil ihre ASU (Abgassonderuntersuchung) überfällig war. Die Mutter, die im gleichen Haus wohnt, nahm sofort den Brief an sich und steckte ihn ein. Sie wolle das regeln. »Ich stand verdattert daneben und konnte mich nicht wehren. Als ich sie später auf dieses Verhalten ansprach, war sie beleidigt. Sie sah mein Verhalten als Undankbarkeit und konnte ihr eigenes Verhalten nicht als Übergriff ansehen.«

Die Mutter sehnt sich nach Symbiose und weiß nichts davon. Sie möchte, dass sich jemand um sie kümmert wie eine gute Mutter. Wardetzki: »Sie hat nicht gelernt, Unterschiedlichkeit und Getrenntheit zwischen Menschen zu akzeptieren und wertzuschätzen. Stattdessen hängt sie immer noch an dem Wunsch nach der illusionären Symbiose, in der sie nicht vollständig zu werden braucht.«[27]

Und so sendet die frustrierte und bedürftige Mutter an ihren Mann und ihre Kinder Signale, Gebote.

1. Du sollst immer geben und nichts fordern.
2. Du sollst keine Geheimnisse vor mir haben.
3. Du sollst mir über jeden deiner Schritte Rechenschaft ablegen.
4. Du sollst immer tun, was ich möchte.
5. Ich sollte immer die Nummer eins für dich sein.
6. Du sollst keine fremden Götter (zeitraubende Beschäftigungen) neben mir haben.
7. Du sollst die gleichen Wünsche, Bedürfnisse, Ansichten haben wie ich.
8. Du sollst immer für mich verfügbar sein.
9. Du sollst meine Normen, Werte und Regeln nie hinterfragen.
10. Du sollst mir mit Freude meine Wünsche von den Augen ablesen und erfüllen.

Eigentlich möchte sie nicht, dass Mann und Kinder unabhängige, eigenständige Personen sind.

Vorhin habe ich gesagt, dass die Mutter in der Symbiose das »Kind« sein möchte und die Tochter in die »Mutterrolle« drängt. Dies bedarf einer Ergänzung. Die Kindrolle ist natürlich eine abhängige Rolle. Noch mehr Abhängigkeit würde der Mutter aber zu große Angst machen. Somit liegt eine geniale »Lösung« darin, versorgungstechnisch zwar die Mutterrolle, emotional aber die Kindrolle in Anspruch zu nehmen. Die Botschaft lautet: Ich versorge dich lückenlos und du befolgst dafür meine zehn Gebote. Ist es Ihnen aufgefallen? Diese zehn Gebote ähneln verdammt den zehn Geboten des »Zu-nett-Seins«!

»Liebesbeweise«

Jeder Mensch ist bedürftig. Auch jede Mutter. Der Unterschied zwischen einer »gesund-bedürftigen« Mutter und einer narzisstisch-bedürftigen Mutter ist die Unersättlichkeit der zweiten. Eine Mutter, die beleidigt ist, wenn die Wünsche des Kindes den ihren nicht entsprechen, ist narzisstisch. Sie denkt, das Kind liebt mich nicht und deshalb will es auch nicht, was *ich* will. Wer mich liebt, denkt so wie ich, ist ihre unbewusste Devise.

Was passiert mit einem kleinen Mädchen, das bei einer narzisstischen Mutter aufwächst? Es lernt, dass Liebe und Nähe mit Manipulation und Schuldgefühlen zusammenhängen. Es wird zu nett. Es zeigt alle Verhaltensweisen und Symptome, die ich im ersten Teil dieses Buches bereits ausführlich beschrieben habe.

Die narzisstisch-bedürftige Mutter hatte von ihren eigenen Eltern auch nicht genug Liebe und Anerkennung bekommen und sucht beides nun bei der Tochter. Sie selbst kann sich dadurch nicht so recht in die Tochter und deren Bedürfnisse einfühlen. Sie erzieht die Tochter zu Perfektionismus und Leistungsorientiertheit. Die Tochter glaubt, wenn sie perfekt ist und gute Leistungen erbringt, wird sie geliebt. Aber die Tochter ist nie perfekt und gut genug. Immer klafft da eine Lücke zwischen Anspruch und der Bewertung des eigenen Tuns.

Da hat eine Frau im Examen eine Eins. Aber sie ist nicht zufrieden, da sie glaubt, das Examen sei besonders leicht zu schaffen gewesen. Da wiegt eine Frau 40 kg und glaubt, sie sei für Shorts viel zu fett. Da hat sich eine Frau ein tolles Kleid genäht. Und sie bekommt Schuldgefühle, wenn jemand das Kleid bewundert.

Sie sucht bei anderen Menschen »Beweise«, dass sie gut genug ist, dass sie liebenswert ist. Sie kann das Verhalten des anderen nicht mehr sachlich sehen, sondern nur noch auf *ihre* Person und *ihren* »Wert« bezogen. Aber sie selbst glaubt trotzdem nicht an ihren »Wert«.

Iris wohnt in einer Wohngemeinschaft. Ein früherer Mitbewohner kommt für ein Praktikum zurück in die Stadt und fragt an, ob er ein paar Wochen in der WG wohnen kann. Iris hat kein gutes Gefühl, aber sie sagt zu, da sie den Mann nicht kränken möchte. Sie möchte nicht als egoistisch gelten. Durch ihr Gewähren erkauft sie sich den »Beweis«, dass sie großzügig ist.

Die Gastgeberin eines tollen Essens fordert ihre Gäste zum dritten Mal auf, doch noch einmal zuzugreifen. Wenn sie wenig essen, dann führt sie es darauf zurück, dass das Essen nicht schmeckt. Dann ist sie keine gute Köchin. Indem die Gäste viel essen, »beweisen« sie, dass sie eine gute Köchin ist. Und eine gute Köchin hat Lob und Anerkennung verdient. Eine innerlich abgegrenzte Frau hätte akzeptieren können, dass die Gäste satt sind.

Margot hat sich mit einer neuen Bekannten zum Kaffee verabredet. Die neue Bekannte sagt kurzfristig ab, mit einer fadenscheinigen Entschuldigung, wie Margot findet. Margot denkt, sie hat nur abgesagt, weil sie keine Lust auf mich hat. Weil ich so langweilig bin.

Ilona sitzt mit ihrem Freund beim Abendbrot. Der Freund schnuppert am Schinken und meint: »Du, ich glaube, der Schinken ist nicht mehr frisch.« Ilona ist tief getroffen und verteidigt sich sofort: »Ich habe ihn erst heute gekauft.« Für sie ist seine Feststellung ein Angriff auf ihre Qualitäten als Hausfrau.

Die zu nette und narzisstisch-bedürftige Frau glaubt insgeheim, dass sie geliebt würde, wenn sie nur perfekt, toll, selbstlos … wäre. Wäre sie aber perfekt, dann würde sie diese »Liebe« abwerten, weil sie nur ihrer Perfektion gilt – ihrer Leistung, ihrer Fassade. Sie *selbst* würde wieder nicht geliebt.

Ein unendliches Dilemma.

Dürfen Frauen klammern?

»Du klammerst«, das hören Frauen von Männern, wenn diese den Eindruck bekommen, ihre Freiheiten würden beschnitten. Oder wenn sie der Frau nicht ins Gesicht sagen möchten, dass sie kein Interesse an ihr haben. »Du klammerst«, trifft die meisten Frauen tief. Sie schämen sich und möchten dann auch sofort das »Gegenteil« beweisen. Sie geben sich dann besonders »tolerant«. Sie nehmen in Kauf, dass der Partner kommt und geht, wie er will. Sie ertragen seine Geliebte. Sie verbergen, wie sehr sie an dem Mann interessiert sind. Und sie leiden schrecklich.

Warum ist Klammern so schlimm?

Ein Mensch tut anderen Menschen das an, was ihm selbst angetan wurde als Kind. Wenn wir eine klammernde Übermutter zu Hause hatten, dann möchten wir selbst das *Gegenteil* davon werden. Weil wir das Klammern lästig fanden und uns nun schämen, wenn wir selbst anklammern.

Aber was ist nun das »Gegenteil von Klammern«? Wenn wir unter Klammern die totale Kontrolle des Partners, das Separierungsverbot verstehen, dann wäre »Nichtklammern« die Beziehungs- und Bindungslosigkeit. Diese erstreben wir natürlich nicht in unseren Beziehungen.

»Der innerste Wunsch eines Menschen ist, sich zugehörig zu fühlen und ein Ziel, eine Bindung zu haben«, schreibt Wardetzki.[28] Wenn ich aber als Kind Nähe und Bindung nur in Verbindung mit Ablösungsverbot und Manipulation erlebt habe, wie soll ich dann eine Beziehung aufbauen, in der ich gleichzeitig loslasse und gebunden bin? Dafür habe ich ja gar kein Modell. Klammern macht Scham- und Schuldgefühle, wenn das Klammern entdeckt und moniert wird. Ansonsten ist es als Fürsorge getarnt oder als eines der zehn Gebote der Symbiose.

Klammern ist gefährlich. Wenn wir uns anklammern, verlieren wir den Boden unter den Füßen (logisch, oder?). Wir stehen nicht mehr gut und haben den Schwerpunkt im anderen. Kleine Kinder klammern sich an, wenn sie sich fürchten, wenn sie müde sind oder wenn sie die Mutter als ihren »Besitz« markieren müssen. Also immer, wenn sie bedürftig sind, wenn sie auftanken müssen. Wenn wir uns anklammern, soll uns der andere Halt und Sicherheit geben.

Ich fragte die 20 Frauen im Fragebogen, was ihnen Halt und Sicherheit im Leben gibt.

An erster Stelle der Nennungen steht der Partner (Freund, Mann). Er wurde von fast allen Frauen genannt. Dann folgten andere äußere Faktoren, wie Freundinnen, die Eltern, die Kinder, die eigenen vier Wände. Auch die Arbeitsstelle, das sichere Einkommen gaben Halt und Sicherheit. Es sind alles Anklammerobjekte, deren Verlust die Frauen in eine tiefe Krise stürzen würde. Denn zum Verlust eines geliebten Menschen oder der Arbeitsstelle käme noch der Verlust des Haltes.

»Halt« bedeutet zweierlei. Einmal bedeutet es Stütze, Rückhalt, Festigkeit, Standhaftigkeit. Die zweite Bedeutung ist Stopp, Stillhalten, Anhalten. Wie geht das zusammen?

Wenn wir das Bein gebrochen haben, dann gehen wir mit Krücken. Sie geben uns Halt, aber sie behindern auch. Kaum ist das Bein wieder belastbar, werden die Krücken abgelegt. Wer geht schon mit Krücken, wenn er wieder alleine gehen kann?

Krücken, die Halt geben, entlasten. Alles, was uns Stütze und Rückhalt gibt, entlastet ebenfalls. Aber es lässt uns an der Stelle, wo wir gestützt werden, nicht mehr weiterwachsen. Schauen wir uns ein paar Beispiele an, damit es deutlicher wird.

Eine ältere Frau ist Witwe geworden. Sie ist völlig hilflos. Sie kann nicht einmal einen Scheck ausstellen, geschweige denn die Sachen mit den Versicherungen regeln. Ihr Mann hat das immer gemacht. Damit hat er seine Frau unselbständig gemacht.

Ich kaufe meine Marmelade im Geschäft, mein Brot beim Bäcker und meine Klamotten in der Boutique. Selbst wenn ich gut nähen kann, eigentlich gerne Marmelade selbst einkoche und mein Brot gelegentlich selbst backe, gehen mir diese Fähigkeiten langfristig verloren. »Wer rastet, der rostet«, sagt der Volksmund, und er hat Recht.

Das heißt nun nicht, dass man alles selber machen soll, keinen Partner haben darf und die Vorteile einer sicheren Stelle nicht genießen darf. Der Tag hat nun mal nur 24 Stunden und so muss jeder Prioritäten setzen bei der Zeiteinteilung. Wenn ich aber zu viel Halt und Sicherheit von außen beziehe, dann laufe ich Gefahr, mir diesen Halt zu *sichern* und damit die Arbeit an meinen eigenen Fähigkeiten zu vernachlässigen. Ich ruhe mich aus. Da der Mensch ein soziales Wesen ist, kann er nicht völlig autark und isoliert von anderen leben. Er ist auf äußeren Halt in gewissem Maße angewiesen. Aber das ist nicht alles. Er muss inneren Halt entwickeln. Einige Frauen, die ich mit meinem Fragebogen befragte (genau gesagt sieben), gaben innere Faktoren an, die ihnen Halt und Sicherheit im Leben geben. Es sind dies »Selbständigkeit«, »die Gewißheit, dass ich auf dem richtigen Weg bin«, »der Glaube an Gott«, »die Arbeit an mir selbst«, »mein Wissen« und »Meditation«. Eine Frau, die sich mit Esoterik beschäftigt, schrieb: »Halt gibt mir der Glaube an etwas Höheres, Göttliches. Kraft gibt mir der Gedanke, dass ich mir mein Schicksal selbst ausgesucht habe und alles, was mir widerfährt, seinen Sinn hat. Ich selbst kann mein Schicksal gestalten und umgestalten.« Wer so viel Halt und Sicherheit von innen bekommt, der übernimmt die volle Verantwortung für sein Tun. Er sieht in jeder Krise eine Chance und macht das Beste daraus.

Dann ist es zwar auch noch schlimm, wenn ich meinen äußeren Halt verliere, aber ich selbst falle nicht so tief. Ich falle nur auf mich selbst zurück. Wenn »ich selbst« aber kaum existiere, dann falle ich tief.

Wer klammert, macht sich zum Opfer. Er muss »zu nett« bleiben, um sich den Halt zu sichern. Und damit gibt er sich selbst auf. So muss er das Klammern teuer bezahlen: Er bleibt »Opfer«.

Denken verboten!

Andrea ist leichtgläubig. Man kann sie leicht veräppeln oder verwirren. Ihre Eltern sind arm. Aber das wäre nicht das Schlimmste. Als sie entdeckt, dass ihre Mutter teure Klamotten eingekauft hat und die Preisschildchen billigerer Waren auf die echten Schildchen geklebt hat, da fährt sie aus der Haut. »Das ist Diebstahl, Mama, Betrug!« brüllt sie. Die Mutter ist beleidigt: »Willst du damit sagen, dass deine eigene Mutter eine Diebin ist?«

Andrea ist verwirrt. Ihr wird ganz schwindlig. Eine Mutter – ihre Mutter – darf keine Diebin sein. Wenn sie so etwas behauptet, dann ist sie illoyal, eine Nestbeschmutzerin. Wenn sie aber ihrer Wahrnehmung nicht traut und so tut, als habe sie nichts bemerkt, dann sinkt ihre Selbstachtung ins Bodenlose. Dann schämt sie sich, für sich und für ihre Mutter.

In der Familie gilt der Grundsatz: *Weil* wir deine Eltern sind, darfst du nichts Schlechtes über uns denken. Oder: *Weil* wir eine Familie sind, machen wir fast alles zusammen. Oder: *Weil* ich deine Mutter bin, musst du mir Recht geben und darfst nicht »frech« zu mir sein.

Es ist ein großer Unterschied, ob einem Kind verboten wird, über eine Sache draußen zu *sprechen*, oder ob ihm verboten wird, die Dinge zu *sehen*, zu *denken*, *wahrzunehmen* und seiner Wahrnehmung zu trauen.

Andreas Vater trinkt viel und regelmäßig Alkohol. Als Andrea einmal meinte, er sei doch wohl »Alkoholiker«, gab ihr die Mutter eine Ohrfeige. »So etwas sagt man nicht von seinem Vater.«

Die Psychoanalytikerin Alice Miller sagt in ihrem Buch »Du sollst nicht merken«: »Das, was wir selbst durchschauen, macht uns nicht krank, es kann in uns Empörung, Zorn, Trauer oder Ohnmachtsgefühle wecken. Was uns krank macht, ist das Undurchschaubare, die Zwänge der Gesellschaft, die wir durch Mutteraugen in uns aufgenommen haben und die wir durch keine Lektüre oder Bildung loswerden.«[29]

Zu nette Frauen sind Frauen, die nicht selbständig denken, hinterfragen oder genau hinsehen durften. Sie trauen ihrer eigenen Wahrnehmung nicht.

Auch das gehört zum Separierungsverbot. Selbständiges Denken und Schlussfolgern ist illoyal.

Das Denkverbot führt zum Stillhalten und Stillhalten kann zum Alptraum werden.

Der gekochte Frosch

Eine Frau berichtete mir von einem Experiment, das am Max-Planck-Institut durchgeführt wurde.

Frösche wurden in heißes Wasser geworfen. Sie zappelten und retteten sich durch Riesensprünge ins Freie.

Andere Frösche wurden in kaltes Wasser gesetzt, das langsam erwärmt wurde. Die Frösche blieben im Wasser, auch wenn es heiß wurde. Zum Schluss starben sie, da sie den Absprung verpasst hatten. Sie wurden regelrecht gekocht.

Zu nette Frauen verpassen auch leicht den Absprung. Sie halten still und »verzeihen« zu viel.

Als Ilona heiratete, war Karl ein netter, etwas schüchterner junger Mann. Sie arbeitete als Sekretärin, Karl studierte Jura. Beide waren sich einig, dass sie eine Familie gründen würden, wenn Karl seine Assessorenstelle bekommen hatte, und dass Ilona dann zu Hause bei den Kindern bleiben würde. Das Studium zog sich in die Länge. Ilona verdiente gut und Karl sah keine Veranlassung, sich zu beeilen. Ilona hatte viel Geduld mit ihm. Manchmal trank Karl zu viel. Wenn Karl zu viel getrunken hatte, wurde er auch mal ausfällig. Ilona nahm dies nicht ernst, und wenn er wieder nüchtern war, bat er um Verzeihung. Ilona verzieh. Nach drei Jahren Ehe wollte Ilona endlich schwanger werden. Karl war dagegen. Immer öfter trank er zu viel. Irgendwann schlug er Ilona. Und bat hinterher weinend um Verzeihung. Ilona verzieh auch diesmal. Karl vernachlässigte sein Studium. Er machte auch wenig im Haushalt. Ilona schimpfte, jammerte, setzte Ultimaten, die nicht eingehalten wurden. Sie zog keine Konsequenzen. Sie steckte den Kopf in den Sand und hoffte auf Besserung. Wie die Frösche im Experiment.

Nach fünf Jahren Ehe betrog Karl Ilona. Er machte sich nicht einmal die Mühe, es zu verbergen. Ilona drängte auf Ehetherapie. Karl packte seine Koffer und zog zu der anderen. Ilona zahlt ihm Unterhalt und hofft immer noch, dass er zurückkommen wird.

Warum ist Ilona bereit, alles zu verzeihen und keine Konsequenzen zu ziehen aus den Fakten?

Ilona hat Angst. Vor dem Alleinleben, vor der Einsamkeit. Davor, dass sie nie wieder einen anderen Mann findet, dass sie als Versagerin dasteht, weil sie es »nicht geschafft« hat, eine gute Ehe zu führen. Das ist aber nur die halbe Wahrheit.

Die andere Hälfte ist, dass Ilona es aus ihrer Kindheit gewöhnt ist, schlecht behandelt zu werden.

Sie ist es gewöhnt, ausgenutzt, hingehalten und vertröstet zu werden. Sie hat nicht gelernt, lautstark ihren Teil zu fordern, sondern geduldig zu warten und für jeden Brösel dankbar zu sein. Sie hat gelernt stillzuhalten. Und sie hat »Tricks« gelernt, wie man sich das Stillhalten versüßt:

- sich einreden, dass ja alles nicht so schlimm sei und dass andere es noch schlimmer haben;
- sich noch mehr anstrengen, denn wenn man endlich gut genug ist, bekommt man auch seine Anerkennung;
- sich einreden, dass Karl ja auch nette Seiten hat, und Entschuldigungen finden, dass sich sein Studium in die Länge zieht.

Ilona ist ein Opfer des Separierungsverbotes geworden. Zuerst bei ihren Eltern. Dort lernte sie die Grundregeln: Sei ein braves Mädchen. Tu immer, was wir dir sagen. Fordere nichts für dich selbst.

Mit diesem Grundmuster passte sie perfekt in Karls Leben. Er hatte die unausgesprochene Forderung: Sei eine brave Frau. Versorge mich in jeder Hinsicht. Lass mir meine Ruhe und fordere nichts für dich.

Die Rolle, die man früher in der Familie hatte, versucht man später in Beziehungen immer wieder einzunehmen, sagen die Familientherapeuten. Die Rolle selbst wird später gar nicht mehr wahrgenommen, sie ist in Fleisch und Blut übergegangen. Jahrelanges Training gibt Sicherheit und Sicherheit mindert die Angst, zumindest kurzfristig. Langfristig vermehrt sie die Angst, weil die zu nette Frau glaubt, wenn sie ihre zu netten Verhaltensweisen ablegt, gehe die Welt unter. Da die zu nette Frau kaum gelernt hat, sich auf ihre eigenen Kräfte und Stärken zu verlassen, ist sie darauf angewiesen, andere in ihrem Sinne zu manipulieren. Unselbständigkeit, Unzufriedenheit, Wankelmütigkeit, psychosomatische Erkrankungen und Depressionen sind die Folgen, das Gefühl, nicht zu stimmen, ausgehöhlt zu sein. Und dann strengt sich die zu nette Frau noch mehr an und wird noch unselbständiger. Und so weiter …

Liebe Fröschin, das Wasser ist bereits zu heiß. Spring! Jetzt!

Teil III

Schluss mit dem »Nettsein«

1. Allmählich erwachsen werden

Die Eltern im Gepäck

Erinnern Sie sich an Magda? Sie ist Mutter einer ehemals magersüchtigen Tochter. Magda war ihr ganzes Leben lang angepasst gewesen an die Normen und Regeln, die ihre Eltern, ihr Mann, ihre Schwiegermutter und ihre Kinder für sie aufstellten. Magda funktionierte reibungslos und hinterfragte nichts. Sie litt unter ihrer Isolation und benutzte ihre Tochter als »Freundin«. Erst als die Tochter magersüchtig wurde und Magda immer depressiver, passierte etwas. Sie kam in die Klinik und erlebte ihre zweite »Pubertät«.

In der Pubertät, die normalerweise zwischen elf und sechzehn stattfindet, verändert sich nicht nur der Körper der Kinder und sie werden äußerlich zu Männern und Frauen. Parallel dazu beginnt sich das Denken der Jugendlichen zu verändern. Sie beginnen »selbstverständliche« Sachverhalte in Frage zu stellen. Das pubertierende Mädchen beginnt sich von der Mutter abzugrenzen, von ihrer Figur, ihrem Kleidungsstil, ihren Gewohnheiten, ihren Lebensbedingungen, ihren Werten und Normen. Die Werte der Gleichaltrigen sind nun »in«. Sie ziehen bestimmte Kleider an, rauchen auf der Straße, hören laute Musik. Sie protestieren und mucken auf. Das gehört zum Erwachsenwerden dazu, ist aber nicht alles. Zu nette Frauen waren in der Pubertät bereits zu brav. Sie spürten, dass sie die Mutter kränkten und in Frage stellten, wenn sie deren verzweifelt gepredigte Moralvorstellungen über den Haufen warfen. Und so ließen sie es bleiben und blieben brav. Manche entwickelten eine Essstörung und machten somit das Thema mit sich selbst ab. »Hätte Maike nicht ihre Essstörung entwickelt und wäre ich nicht depressiv geworden und in die Klinik gegangen, ich glaube, dann würden wir heute noch bei der Schwiegermutter wohnen und ich würde immer noch unglücklich, aber konstant an den alten Zuständen festhalten«, meint Magda. »Als ich meine Pubertät nachholte, da spürte ich seit langem, vielleicht seit meiner Kindheit wieder Lebenslust, Unbeschwertheit und Leichtigkeit.

Von Tag zu Tag verblasste das Bild vom Haushalt, der ohne mich zusammenbrach, und machte einem Gefühl Platz, das ich schwer beschreiben kann. Es war das Gefühl, dass alles gut so ist, wie es ist. Es war Ruhe, Frieden, Geborgenheit, Zugehörigkeit. In dieser Atmosphäre wuchs in mir eine ganz andere Magda heran. Eine, die wusste, dass sie so wie bisher nicht mehr weiterleben wollte. Ich musste endlich ich selbst werden. Aber wie?«

Solange Magda angepasst war und für die anderen funktionierte, galt sie in ihrer Familie als »normal«, so wie die meisten Frauen.

»Die Frau erfüllt die soziale Rolle, wenn sie einen Freund oder Partner hat, ob sie dabei eine eigene Identität entwickelt, scheint sekundär zu sein«, schreibt Verena Kast. »Das heißt überspitzt, dass vom Rollenverständnis her unsere Gesellschaft einer adoleszenten Frau suggeriert, dass sie ›normal‹ ist, eine richtige Frau, auch wenn sie keine Identität hat, wenn sie letztlich darauf angewiesen ist, dass ein Mann ihr eine Identität verschreibt.«[30]

Wenn sie also das brave Kind bleiben soll, wie kann sie da »erwachsen« werden? Die Antwort ist ganz einfach: Gar nicht. Wenn eine Frau »erwachsen« werden möchte, sie selbst werden möchte, dann muss sie ihr Nettsein ablegen. Sie muss ihre Eltern aus dem Marschgepäck werfen. Nicht für immer und ewig, aber sie muss untersuchen und hinterfragen, welche Werte, Normen und Regeln *ihr* im Moment gut tun und ihre eigene Entwicklung fördern. Der Rest muss aussortiert werden.

Verjährte Aufträge

»Dass ich zu gut funktioniere, habe ich erst gemerkt, als meine Mutter mich einmal besuchte. Es war, nachdem ich aus der Klinik zurückkam. Ich erwähnte ihr gegenüber, dass in meiner Abwesenheit halt vieles liegen geblieben sei und ich nun möglichst bald ein Großreinemachen durchführen wolle. Meine Mutter meinte dann, die Wohnung sei doch in Ordnung. Ich solle mir doch keinen Stress machen, schließlich komme ich gerade aus der Klinik. Außerdem könnten doch Mann und Schwiegermutter mithelfen. Meine Schwiegermutter hatte sich während meiner Abwesenheit prächtig erholt. Sie war sogar aufgestanden und hatte Geschirr gespült.

Ich konnte kaum glauben, dass meine eigene Mutter so redete. Früher hatte sie anders getönt. Da konnte ihr nichts schnell genug und perfekt genug gehen. Da dachte ich mir, wenn schon deine Mutter so denkt, dann kannst du doch die Zügel auch lockerlassen. Und dann habe ich keinen Hausputz gemacht. Und es ging auch so.« Magda hatte den alten Auftrag »Mache deine Hausarbeit sofort und perfekt« hinterfragt und nicht mehr angenommen. Wir alle haben viele Aufträge in unserem Gepäck. Offene und kurzfristige Aufträge (»Gehe zum Bäcker und hole ein Brot«), Geheimaufträge (»Mache mir keine Schande, laß mich stolz auf dich sein. Werte mich auf«) und vermeintliche Daueraufträge (»Man muss seine Wohnung in Ordnung halten. Man muss eine gute Mutter sein und für seine Kinder immer ein offenes Ohr haben.« »Man muss sich als Frau immer schön anziehen«). Die offenen Aufträge machen kaum Schwierigkeiten, was das Zu-nett-Sein betrifft. Es sind die Geheimaufträge und die Daueraufträge, die uns das Leben schwer machen. Dauer- und Geheimaufträge sind die Botschaften, die wir aus Elternhaus, Schule und unseren momentanen Beziehungen bekamen und immer noch bekommen. Die ersten Aufträge, in deren Erfüllung wir die meiste Übung haben und die uns am stärksten geprägt haben, sind die aus dem Elternhaus.

Die Gebote des Zu-nett-Seins, der ewigen Symbiose und des

Separierungsverbotes machen die Geheimaufträge aus, von denen bei zu netten Frauen viele zu Daueraufträgen geworden sind. Um die Eltern vor bestimmten Gefühlen zu bewahren, wurden die begabten und sensiblen Kinder in der Familie zu nett.

Wir haben gesehen, dass die Eltern zu netter Frauen selbst noch an ihrer eigenen misslungenen Symbiose mit ihrer eigenen Mutter kranken. Sie suchen immer noch, wovon sie zu wenig bekommen haben: Liebe, Wärme, Anerkennung, Wertschätzung für ihre Eigenheiten, Geborgenheit, Respekt, Zuwendung, Förderung. Sie wollten, wie jeder Mensch, bedingungslos geliebt werden, ernst genommen werden, wichtig genommen werden und sich frei entfalten dürfen. Leider konnten ihnen das ihre Eltern nicht oder nur sehr unzureichend geben. Auch die Eltern der Eltern hatten »unzureichende« Eltern. So schaffte eine Generation von Opfern die nächste. Jede versucht sich bei den Kindern zu holen, was sie eigentlich von den Eltern hätte bekommen sollen. Die Versorgung der Eltern mit »guten Gefühlen« ist ein Geheimauftrag und ein Dauerauftrag. Der Schutz der Eltern vor Scham und Schuldgefühlen ist ebenfalls ein Geheim- und Dauerauftrag.

»Ich wurde auf der Flucht geboren«, berichtet Magda (53), »meine Eltern kamen aus dem Osten. Meine Mutter hat mir erzählt, dass der Flüchtlingszug von Tieffliegern angegriffen wurde und meine Geburt stillstand. Viele Kinder kamen ums Leben und die Fliehenden haben sie am Wegesrand zurückgelassen. Das musste meine Mutter alles wegstecken. Stark sein, um zu überleben, hieß die Devise. Aufgeben, weinen, Schwächen zeigen gab es nicht. Meine Mutter konnte es später nicht aushalten, wenn mein Bruder und ich weinten. Da wurde sie fuchsteufelswild und schlug uns, damit wir wenigstens einen ›Grund‹ hatten zu weinen. Verzweiflung, Trauer, Angst und Frustration mussten unter allen Umständen unterdrückt werden, damit sie nicht ihre eigenen weggesteckten Gefühle spüren musste. Erst in der Therapie habe ich dann erkennen können, dass ihre harte Reaktion nichts mit mir, Magda, zu tun hatte, sondern mit Mutters eigenen Gefühlen.«

Wie Magda müssen viele Menschen in Deutschland in den letzten 50 Jahren für etwas mitbüßen, wofür sie nichts können, eine Kollektivschuld sozusagen.

Wir sind die Nachkommen der Nazis, der Kriegsanzettler, der Mörder und Zerstörer, des Bösen in Person. Engländer, Amerikaner, Franzosen haben es einfacher, obwohl ihre Vorfahren ebenfalls Dreck am Stecken haben. Sie sind die Sieger, die Guten. Und es gibt für das Selbstwertgefühl nichts Besseres, als »auf die eigenen Wurzeln, die eigene Geschichte und Tradition stolz sein zu können«.[31]

In den Fünfzigerjahren wurde fleißig verdrängt und die Deutschen stürzten sich in den Wiederaufbau. In den Sechzigerjahren wurde weiterhin fleißig verdrängt und man stürzte sich ins Wirtschaftswunder. Die Jugend lernte die Sprachen der Sieger und machte deren Kultur zu der ihren. Popmusik, eine andere Esskultur, Auslandsreisen, amerikanische Filme, Computertechnologie und ein zusammenwachsendes Europa lassen uns oberflächlich vergessen, was unverarbeitet in der Tiefe schlummert: Scham über unsere Vergangenheit als Volk.

Verdrängte Scham ist eine heimtückische Bombe. So zu tun, als wäre sie nicht da, kostet uns viel Lebenskraft. Und dennoch platzt sie an unerwarteten Stellen. Heilen kann nur das Zulassen der Wahrheit und die Auseinandersetzung mit ihr. Hätte Magdas Mutter ihre eigenen Gefühle dem Weinen ihrer Kinder gegenüber kritisch angesehen, hinterfragt und ihr eigenes Gefühl zugelassen, dann hätte sie ihrer Tochter die Geschichten vom Krieg erzählt, dabei selbst geweint, ihrer Tochter erklärt, warum sie so hart reagiert. Dann hätte die Tochter nichts wegstecken müssen und sie wäre nicht auf die Idee gekommen, dass mit ihr selbst etwas nicht stimmt, nur weil sie weint, wenn sie verzweifelt oder wütend ist. Magdas Mutter war leider nicht bereit oder in der Lage, an sich selbst zu arbeiten und ihre eigenen Reaktionen zu hinterfragen. Erst die Magersucht der Enkelin brachte ihre Tochter dazu, die Puzzlesteine zusammenzusuchen. Erst nach dem Ausbuddeln und Aussortieren kann man verjährte Aufträge ausmisten.

Wie viele Tasten hat ein Klavier?

Stellen Sie sich vor, Sie hätten ein Klavier. Sie können bereits recht gut spielen und tun es auch gerne. Dann kommt der Klavierlehrer und sagt, die linken 25 Tasten sind schlecht. Man braucht sie nicht. Decken wir sie ab und vergessen wir sie. Sie glauben ihm und decken die 25 Tasten ab. »Macht nichts, spiele ich eben auf den restlichen Tasten«, sagen Sie. »Es sind ja noch genügend da.« Und Sie spielen. Anfangs merken Sie noch, dass Sie viele Melodien nicht spielen können, weil Sie einige der abgedeckten 25 Tasten bräuchten. Das Klavierspielen macht zunächst weniger Spaß, doch Sie vergessen allmählich, dass die abgedeckten Tasten überhaupt existieren. Ihr Repertoire bleibt beschränkt und Sie beneiden andere, die alle Noten spielen können und dürfen. Aber Sie beschränken sich weiterhin und trösten sich damit, dass Sie es dem Klavierlehrer recht gemacht haben. Sie sind ja »nett«. Wenn wir die Klaviertasten mit unseren Talenten, Gefühlen und Fähigkeiten gleichsetzen und den Klavierlehrer mit Eltern, Lehrern und anderen »wohlmeinenden« Zeitgenossen, dann befinden wir uns mitten in der Lebenssituation der zu netten Frau.

Die abgedeckten Tasten sind jene Eigenschaften, Gefühle, Talente, Bedürfnisse und Fähigkeiten, die wir nicht ausleben dürfen. Jeder Mensch hat mehr oder weniger davon. Je mehr Tasten wir abdecken mussten, desto schlechter können wir damit leben. Zu nette Frauen haben gegen das Abdecken *nicht* angekämpft und aufgemuckt. Sie haben gelernt, mit den übrig gebliebenen Tasten virtuos zu spielen. So gut, dass keiner mehr merkt, dass sie nicht alle Melodien spielen können. Die von *anderen* am meisten geliebten Melodien können sie spielen. Mehr hat noch nie einen interessiert, auch die zu nette Frau nicht. Diese wacht meist erst dann auf, wenn es ein böses Erwachen gibt: Allzu nette Frauen müssen nicht selten erst in einen Zustand der Hoffnungslosigkeit getrieben werden, bevor sie sich auf die ihnen innewohnenden Urkräfte besinnen und sagen: »Jetzt bin ich am Ende meiner Duldsamkeit angelangt!« ... Wir können nicht wachsen, wenn wir stillhalten und uns von Hinz und Kunz als Fußabtreter benutzen lassen. Frauen, die ihre tieferen Gefühle unterdrücken, töten sich mit der Zeit ab.[32] So lange müssen wir nicht warten. Jede von uns hat einen eingebauten Detektor, um Situationen aufzuspüren, die uns davon abhalten, unser eigenes Potential zu entwickeln. Leider fühlt sich dieser Detektor nicht gut an, und wir wären ihn am liebsten los. Der Detektor heißt: Scham- und Schuldgefühle.

Ich komme wieder auf das Beispiel mit dem Klavier zurück. Die abgedeckten Tasten wurden tabuisiert, mit Scham und Schuldgefühlen verplombt. Wir müssen die mit dem Aufdecken verbundenen Scham- und Schuldgefühle aushalten lernen. Wenn wir sie durch schnelle Gegenstrategien »loswerden«, müssen wir uns wieder mit den restlichen Tasten begnügen. Wir müssen die Tasten nach und nach aufdecken, sie in unser Spiel integrieren und die damit verbundenen Scham-, Schuldgefühle und Ängste aushalten. Es kann lange dauern, bis wir unsere verborgenen Talente, Gefühle und Bedürfnisse (wieder) entdeckt und integriert haben. Wir wissen ja nicht, wie viele davon unter der Abdeckung schlummern. Beim Klavier ist es da viel einfacher. Übrigens, ein Klavier hat 88 Tasten. Habe ich mir sagen lassen.

Selbstverständlichkeiten?

Marlies wohnt mit ihrem Mann Edgar und ihren beiden Kindern von drei Jahren und zwei Monaten in der Einliegerwohnung im Elternhaus. Marlies hat ihr ganzes Leben lang bei ihren Eltern gewohnt, obwohl sie inzwischen 33 Jahre alt ist. Wenn Marlies und Edgar weggehen möchten, dann nimmt die Mutter »selbstverständlich« die Kinder. Wenn die Kinder nach Mutters Meinung nicht warm genug angezogen sind, dann zieht sie ihnen »selbstverständlich« etwas Wärmeres an. Auch wenn Marlies protestiert. Wenn es regnet und Marlies nicht da ist, dann gehen Mutter oder Vater in die Wohnung von Marlies und Edgar und machen dort die Dachfenster zu. Oft wäscht die Mutter die Wäsche der Familie mit. Der Vater kontrolliert Luft und Ölstand an Edgars Auto. Ungefragt, versteht sich. Einfach selbstverständlich. Geht die Mutter einkaufen, dann denkt sie daran, dass Marlies noch Wurst und Käse fürs Abendbrot braucht. Wenn Marlies das Mehl ausgeht, geht sie mit ihrem Schlüssel in die elterliche Wohnung und holt, was sie braucht.

Ist Marlies erwachsen? Körperlich schon. Aber Marlies ist keine eigenständige, eigenverantwortliche Person.

Was gehört zum Erwachsensein?

»Zum Erwachsensein gehört ein wesentlicher Punkt: Man muss sich von seinen Eltern abnabeln. Und man muss eine klare Trennungslinie ziehen zwischen dem eigenen Leben und dem Leben von Vater und Mutter«, sagt die Familientherapeutin Brigitte Lämmle[33]. Abgenabelt sein heißt nicht, dass man keinen Kontakt mit den Eltern mehr hat. Abgenabelt sein heißt, man führt sein eigenes Leben, mit allen Konsequenzen und der Verantwortung für seine eigenen Gefühle.

Abgenabelt sein heißt auch nicht, dass man von seinen Eltern nichts mehr annehmen und nichts mehr für sie tun darf. Abgenabelt sein heißt, Eltern und Kinder haben Achtung vor den Intimgrenzen des anderen, vor seinen Entscheidungen und Wünschen und jeder lässt den anderen die Konsequenzen für sein Tun selbst tragen.

Angenommen, Marlies hätte eine spontane Einladung für den Samstagabend bekommen. Sie sagt es ihrer Mutter und fügt hinzu: »Also, ich bringe dir dann die Kinder um halb acht.« Die Mutter würde es als selbstverständlich ansehen, dass sie die Kinder nimmt, auch ohne vorherige Abmachung. Eine erwachsene, abgelöste Marlies würde zuerst fragen, ob sie die Kinder nehmen kann. Lehnt die Mutter dann ab, weil sie bereits andere Pläne hat, dann wäre eine nicht abgelöste Marlies sauer: »Nie bist du da, wenn man dich braucht.« Eine abgelöste Marlies würde sich dann nach anderen Babysittern umsehen. Leider ist die Mutter auch nicht abgelöst. Sie wiederum wäre sauer, wenn die Enkelkinder in »fremde« Hände gegeben würden. Da die unabgelöste Marlies es mit ihrer Mutter nicht »verderben« will, würde sie auch keinen anderen Babysitter anheuern. Die abgelöste Marlies würde der Mutter ihre Eifersuchtsgefühle zumuten und sich trotzdem um einen anderen Sitter bemühen. Die Ablösung findet nicht nur in großen, dramatischen Familienkrächen statt, sondern vor allem in kleinen, subtilen Schritten.

Bei der Ablösungsthematik geht es »um Landnahme im unbekannten Land, und bei dieser Landnahme kann man sich nur auf die eigenen Gefühle, das eigene Denken, das eigene Träumen verlassen und auf die eigene Fähigkeit, immer wieder neu in Beziehungen zu Mitmenschen einzutreten«[34], meint Verena Kast.

Diese Landnahme ist nichts anderes als das Aufdecken der Klaviertasten. Zu nette Frauen haben Schuldgefühle dabei, Scham und Angst. Sie spüren genau, dass die Eltern und speziell die Mütter ihr eigenes Interesse daran haben, dass die Tasten abgedeckt bleiben. Wenn Marlies mit Mann und Kindern auszöge, dann würden sie die Mutter »der Enkelkinder und damit ihrer Lebensaufgabe« berauben. Verena Kast: »Sind wir zu wenig abgelöst, dann leben wir unser Leben unter den immer gleichen Befürchtungen mit den immer sich gleichenden Erwartungen, die irgendwie an der Realität vorbeigehen.«[35] Eine zu nette Frau wie Marlies, zu deren Loyalität gegenüber den Eltern es gehört, sich *nicht* auf eigene Füße zu stellen und auf den eigenen Weg zu machen, gerät in einen extremen Anpassungssog, nicht nur, was die Erwartungen der Eltern betrifft (»das wurde immer schon so und so gemacht«), sondern was die Erwartungen aller Menschen um sie herum betrifft. Sie tut, was andere von ihr vermeintlich erwarten. Mit ihrem Wohlverhalten investiert sie. Sie weiß genau, bei wem sie noch einen »Gefallen« gut hat. Wehe, die anderen, für die sie so viel getan hat, sehen das anders als sie. Wehe, die anderen haben keine Zeit, wenn sie den Gefallen »zurückfordert«. Dann ist sie für alle Zeiten beleidigt, fühlt sich ausgenutzt. Trotzdem wird sie freundlich weiterlächeln. Doch innerlich könnte sie kotzen wegen ihrer eigenen Falschheit. Und sie wird immer bitterer. Einmal, weil sie spürt, dass sie nur noch für andere und durch andere lebt und sie selbst gar nicht mehr weiß, was sie will und wer sie ist. Zum Zweiten, weil sie insgeheim spürt, dass es ihr selbst gegenüber nicht in Ordnung ist, wie sie lebt. Sie wird immer unzufriedener. Diffuse Ängste kommen hoch, die sie nicht einordnen kann. Und sie wird noch netter, angepasster und beflissener, um die Ängste klein zu halten. Um kurzfristig inneren Frieden zu bekommen. Mittelfristig werden die Ängste und die Unzufriedenheit aber größer. Marlies steckt in einem Teufelskreis, den sie nur durchbrechen kann, wenn sie sich anschaut, was sie macht. Und wenn sie den Mut hat, trotz ihrer Angst die alten Verhaltensmuster zu verlassen. So wie Inge.

Kampf dem Perfektionismus

Inge ist Mitte 40. Berufstätige, alleinerziehende Mutter. »Früher habe ich mir immer so einen Stress gemacht. Wenn ich Besuch bekam, dann stand ich bereits um 5 Uhr morgens auf, putzte alles, kochte vor, backte und deckte bereits den Tisch. Dann brachte ich mein Kind zur Schule, ging ins Büro und hinterher wärmte ich das Essen auf, damit, wenn der Besuch abends kam, alles perfekt war.« Meist war Inge, wenn der Besuch da war, bereits völlig geschafft. Aber sie »musste« dann natürlich schauen, dass jeder immer sein Glas und seinen Teller voll hatte. Wenn sich die abgefüllten Gäste dann frühzeitig verabschiedeten, dann war Inge beleidigt und fühlte sich ausgenutzt (»Die kommen nur zum Essen«).

In der Therapie lernte Inge ihr Verhalten zu hinterfragen. Wie sieht für mich eine gute Gastgeberin aus? Tue ich des Guten zu viel, wenn ich mich so verausgabe? Was wäre, wenn ich nicht putzte und nur belegte Brote hinstellte? An dieser Stelle spürte Inge Angst und Unruhe. Die Angst, nicht gut genug zu sein und dann nie mehr besucht zu werden. Inge lacht, als sie das erkennt. Die erwachsene Inge befürchtet natürlich nicht ernsthaft, dass sie keiner mehr besucht, wenn nicht aufgeräumt ist. Aber das innere Kind Inge glaubt, es müsse erst »gut genug« werden, um den Besuch wert zu sein. Und mit Putzen, Aufräumen, Backen und Kochen glaubt sie gut genug zu werden. Aber das reicht nicht. Sie muss dann dafür sorgen, dass jeder Gast gut isst und trinkt. Durch ihre Zwanghaftigkeit, »perfekt« zu sein, ist Inge angespannt und kann sich nicht entspannt unterhalten, geschweige denn das schöne Essen genießen. Wenn der Besuch dann gegangen ist, ist sie völlig erschöpft und fragt sich, warum sie sich das angetan hat. *Das* bezog sich bei Inge immer auf den Besuch und nie auf ihr eigenes Verhalten. In der Therapie lernte Inge, es auszuhalten, nicht mehr Großputz zu machen, bevor Besuch kam. Sie hielt es aus, ein schnelles Gericht vorzubereiten.

Sie hielt es aus, ihre zehnjährige Tochter einzuspannen, die sich freute, ernst genommen zu werden. Und sie hielt es aus, ihren Gästen zu sagen, dass sie sich selbst bedienen sollen. Eine kurze Zeit fühlte sie sich als schlechte Gastgeberin, aber als sie merkte, dass die Stimmung sehr locker und angenehm wurde, gab sie ihre Kontrollversuche auf. Natürlich hat sie das alles nicht auf einmal geschafft, sondern sie übte bei vielen Besuchen. Irgendwann war dann der Perfektionismus vergessen. Inge machte die Erfahrung: Auch wenn ich nicht perfekt bin, werde ich akzeptiert und geliebt.

Das Heimtückische am Perfektionismus ist nicht nur, dass er viel Zeit und Energie kostet. Das Heimtückische ist, dass die Angst umso größer wird, je perfekter man wird.

Perfektionismus wird von der Angst, Fehler zu machen, gespeist. Wenn ich nie einen Fehler mache, dann denke ich, alles ist nur so gut geworden, *weil* ich keinen Fehler gemacht habe. Habe ich aber einen Fehler gemacht und die Sache ist nicht »perfekt« geworden, so habe ich die Chance, *innerhalb* der Sache das Ruder herumzuwerfen und das »Beste« daraus zu machen. Das »Beste« ist langfristig gesehen meist besser als die starre Schablone des Perfektseins. Mit der perfekten Schablone, die wir auf unser Verhalten aufpressen, lernen wir nicht, mit lebendigen Situationen umzugehen. Wir umgehen nur das Lebendige, das Unberechenbare, das Spannende und das Spontane, weil es uns Angst macht.

Wobei sind nun zu nette Frauen besonders bemüht, »perfekt« zu sein? Man kann es sich denken: beim äußeren Eindruck. Beim Aufräumen, Putzen, Anziehen und bei der Leistung, die sie nach außen sichtbar erbringen. Dieser Perfektionismus erstreckt sich auch auf Familienmitglieder, auf die Kinder, die den Nachbarn und den Lehrern gefallen sollen, auf den Partner, der ein blütenweißes, ordentlich gebügeltes Hemd vorweisen muss. Ich will damit nicht sagen, dass Kinder und Partner nun abgerissen herumlaufen und in Schule und Betrieb die Sau herauslassen sollen. Ich möchte nur Ihr Augenmerk darauf lenken, dass es Bereiche gibt, auf die Sie zu viel Energie verwenden. Bereiche, die das Ausmaß Ihrer Energie nicht wert sind. Ihre Energie könnten Sie woanders viel sinnvoller einsetzen. Aber dazu kommen wir noch. Aus Fehlern lernen heißt die Devise, nicht Fehler völlig vermeiden. Wie sollen wir sonst dazulernen?

Erwachsen werden heißt auch, von fertigen Denkschablonen wegzukommen. Es heißt vermeintliche Forderungen und Erwartungen von außen kritisch zu hinterfragen und auf ein für Sie tolerables Maß zurechtzustutzen. So wie bei der Geschichte vom Braten.

Ein Mann beobachtet seine Frau dabei, wie sie vom Sonntagsbraten ein etwa drei Zentimeter langes Stück abschneidet. Er fragt sie, warum sie das macht. Die Frau sagt: »Wieso, meine Mutter hat das auch immer gemacht. Das schmeckt dann einfach besser. Ich kann dir nicht erklären, warum das so ist, aber sicher ist, dass der Braten dann besser schmeckt.« Beim nächsten Besuch bei der Schwiegermutter bringt der Mann das Thema zur Sprache. Die Schwiegermutter meint: »Ja, der Braten schmeckt tatsächlich viel besser. Meine Mutter hat das auch immer so gemacht. Mehr kann ich dir nicht erklären.« Die alte Großmutter lebt noch und der Mann, der inzwischen neugierig geworden ist, drängt darauf, sie bald zu besuchen. Sie fragt er dann auch nach dem Grund für das Kürzen des Sonntagsbratens.

»Ach, das ist ganz einfach«, meint die Großmutter lachend, »ich hatte doch nur eine kleine Kasserolle damals und da musste ich ein Stück vom Braten abschneiden, weil er keinen Platz darin gehabt hätte. Den Rest habe ich dann immer am nächsten Tag verwertet.«

Heimliche Investitionen abbauen

Steffi ist immer am Jammern. Laufen die Geschäfte gut, jammert sie, dass sie zu viel zu tun hat. Laufen die Geschäfte schlecht, jammert sie, dass sie bald Konkurs anmelden muss. Regnet es draußen, jammert sie, weil es zu kalt ist. Scheint die Sonne, jammert sie, weil es zu heiß ist. Als sie keinen Partner hatte, jammerte sie übers Alleinsein. Als sie einen Partner hatte, jammerte sie, weil sie Kompromisse machen musste. Als sie keine Kinder hatte, jammerte sie, weil sie sich als Frau minderwertig vorkam. Als sie dann eines hatte, jammerte sie, weil es sie Tag und Nacht beschäftigte. So hatte sie sich das alles gar nicht vorgestellt!

In der Therapie wollten wir dann herausfinden, was denn passierten müsste, damit es Steffi gut gehen könnte. Wir fanden nichts. Sie hätte an allem etwas auszusetzen gehabt. Aber wir fanden etwas anderes heraus:

Steffi *durfte* es gar nicht gut gehen. Warum nicht?

Steffi machte ihre Eltern für vieles Negative in ihrem Leben verantwortlich. Sie waren schuld, dass sie so dick war. Schließlich musste sie als Kind immer ihren Teller leer essen. (Übrigens: Steffi war nicht dick, sie fühlte sich nur schrecklich dick mit ihren 65 kg bei 1,63 m.)

Die Eltern waren auch schuld, dass Steffi nur eine kaufmännische Ausbildung machen konnte. Sie war nämlich mit der mittleren Reife von der Schule abgegangen, weil sie schlechte Noten hatte und sitzen blieb. Die Eltern hätten mit ihr viel mehr pauken sollen. Außerdem waren ihre Eltern schuld, weil sie kein Hobby hatte und keinen Freund. Steffi hatte als Kind Flöte, Klavier und Gitarre ausprobiert und dann schnell wieder das Interesse verloren, weil das Üben in Arbeit ausartete. Beim Sport war es genauso, Steffi blieb nie dabei. Und daran waren die Eltern schuld, denn die hätten Steffi einfach zwingen sollen. Die Eltern hatten alles falsch gemacht, deshalb ging es Steffi heute so schlecht. Steffi glaubte das allen Ernstes selbst. Als wir den Dingen etwas näher auf den Grund gingen, kamen wir diesem Irrglauben auf die Schliche. Steffi glaubte, wenn es ihr *gut* ginge, dann könnten ihre Eltern ja auf die Idee kommen, dass sie doch nicht alles falsch gemacht haben.

Und das möchte Steffi auf keinen Fall. Denn die Eltern sind sehr hilfsbereit – aus ihren Schuldgefühlen heraus. Steffi heizt ihnen tüchtig ein, und dann fließen die »Wiedergutmachungen«: Geld, Babysitting, Hilfe im Haushalt. Steffi hat kein schlechtes Gewissen, nur das Gefühl, dass bei ihr nichts mehr gutzumachen ist und die Eltern ewig »bluten« sollen nach all dem, was sie ihr »angetan« haben.

Steffi verhält sich wie jemand, der seinen Karren in den Dreck gefahren hat und nun Hilfe sucht. Und sie findet auch jemanden, der tatkräftig anpackt und versucht, diesen Karren wieder flott zu bekommen. Steffi lässt ihn tüchtig arbeiten und ruht sich derweil kräftig jammernd aus.

Dies ist natürlich kein erwachsenes, selbstverantwortliches Verhalten. Steffi muss lernen, dass sie selbst für das Flottkriegen ihres Lebenskarrens verantwortlich ist. Und sie muss lernen, dass es auch Spaß macht, so richtig anzupacken und Kontrolle und Macht über Lebensereignisse zu bekommen, und dass es ziemlich bedrückend ist, sich selbst nur hoffnungslos als Opfer zu sehen.

Steffis Lebensprinzip heißt: Ich spiele immer das Opfer, damit du immer den Retter spielen musst.

Die Opferrolle ist eine heimliche »Investition«: Weil es mir so schlecht geht, muss mir jeder helfen. Steffi wird sich erst weiterentwickeln, wenn sie keine Hilfe mehr findet oder wenn sie selbst ihre Bequemlichkeit aufgibt und aktiv ihr Leben anpackt.

Eine andere Form von heimlicher Investition in der Beziehung zwischen erwachsenen Kindern und deren Eltern praktizierte Ute. Ute ist 35 Jahre alt und wohnt 50 km vom Wohnort ihrer Eltern entfernt. Die Eltern sind beide sehr auf die Tochter fixiert. Sie haben keine Freunde, keine Hobbys, sitzen den ganzen Tag vor dem Fernseher und warten. Ute versucht seit Jahren vergeblich, ihre Eltern zu »beleben«. Sie gibt ihnen Ratschläge, wie sie ihre Wochenenden gestalten können. Sie bringt ihnen einen Stepper und einen Ergometer mit, damit sie sich fit halten können, ohne die Wohnung zu verlassen.

Natürlich halten sich die Eltern weder an Utes gute Ratschläge noch trimmen sie sich auf den Geräten. Auf das Drängen, mit anderen älteren Damen etwas zu unternehmen, antwortet die Mutter: »Wieso soll ich mir Freundinnen suchen? Ich habe doch meine Kinder!« Ute sitzt in einer Falle. Sie glaubt sich für das Wohlergehen ihrer Eltern verantwortlich. Erst wenn es den Eltern gut geht, wird sie aus diesem Amt entlassen. Und dass dies nie geschieht, dafür sorgen die Eltern schon.

Ute macht das Spiel mit. Dies ist ihre heimliche Investition: Wenn ich ein liebes Mädchen bin und mich um euer Wohlergehen kümmere, dann müßt ihr mich aber auch loslassen. Für die Eltern heißt das Spiel: Solange es uns nicht gut geht, musst du immer für uns da sein.

Auch hier reicht es, wenn *einer* aus dem Spiel aussteigt. Dann ist es zu Ende. Oder ein anderes Spiel beginnt.

Das »Nettsein« von Steffis Eltern und von Ute führt dazu, dass sie kurzfristig Ruhe haben vor den ständigen Anforderungen. Langfristig aber ist das Nachgeben fatal. Nicht nur, dass es für die Gebenden teuer und anstrengend ist. Das Vertrackte daran ist, dass die »armen Opfer« sich nicht weiterentwickeln. Wenn Steffi keine Eltern und Utes Eltern keine Tochter hätten, wie würde dann ihr Leben aussehen? Sie wären eigenständiger, aktiver, gesünder und wacher.

Immer wenn Sie Schuldgefühle haben, weil Sie jemandem nicht »geholfen« haben, sollten Sie sich das vor Augen halten. Helfen Sie dem anderen, es selbst zu tun. Ist er dazu nicht bereit, muss er auch die Folgen tragen und erwachsen werden.

Die zu nette Frau allerdings muss sich den Ängsten stellen, die sie mit ihrer »Hilfsbereitschaft« klein hält:

Die Angst, sich schuldig zu machen, die Angst vor Scham, die Angst, Fehler zu machen, die Angst, verachtet zu werden, und die Angst, vom anderen fallen gelassen zu werden.

Zum Souveränerwerden gehört es auch, diese Ängste allmählich zuzulassen und sie auszuhalten. Die Betonung liegt auf *allmählich*.

Souveräner werden ist nun ein sehr allgemeines, schwer zu fassendes Lernziel. Mit einem so allgemeinen Lernziel können Sie wenig anfangen. Da das Zu-nett-Sein ein Phänomen ist, das sich durch alle Lebensbereiche ziehen kann, zieht sich auch das Souveränwerden durch alle Lebensbereiche. Ich habe das Souveränwerden in fünf Teilziele unterteilt, so dass Sie konkreter sehen können, woran Sie arbeiten müssen. Scheuen Sie sich nicht, eine Therapeutin zu Rate zu ziehen, denn die Aufgabe ist langwierig und Sie werden möglicherweise viele Rückschläge erleiden. Da ist es gut, jemanden zu haben, der Ihnen den Rücken stärkt und der Ihnen Ihre Erfolge zeigt. Die nimmt man selbst oft gar nicht wahr.

Die Teilziele sind:

1. Das verachtete Kind ausbuddeln
2. Verantwortung lassen, wo sie hingehört
3. Nicht mehr auf Wunder hoffen
4. Probleme tatkräftig anpacken
5. Eigene Ziele für Ihr Leben formulieren

Das verachtete Kind ausbuddeln

Diese Aufgabe ist die schwerste, da sie nicht mit dem Willen oder dem Verstand zu bewältigen ist, sondern den Mut erfordert, sich mit Gefühlen zu befassen, die man gerne verdrängt. Diese Gefühle sind Scham, Schuldgefühle, Angst, Wut, Ohnmacht, Trauer.

Wenn Sie keine Therapie machen möchten, dann wäre es hilfreich, wenn Sie eine Person hätten (Freundin, Schwester, Freund, Mann, aber bitte nicht Ihre Tochter), der Sie alles sagen können, was Ihnen so durch den Kopf geht, und die Ihre Gefühle aushalten kann. Auf jeden Fall aber sollten Sie sich ein Tagebuch zulegen und alles aufschreiben, was Sie bewegt. Dann machen Sie sich Listen. Auf eine Liste schreiben Sie alle Eigenschaften, die Sie als *Kind für Ihre Mutter* haben sollten. Die zweite Liste enthält, wie Sie *für Ihren Vater* sein sollten. In die dritte und vierte Liste schreiben Sie, wie Sie für Vater und für Mutter *nicht* sein durften.

Angenommen, Sie sollten für die Mutter lieb, intelligent, hilfsbereit, fleißig, gehorsam, selbständig, fügsam, die Mutter bemutternd und vorzeigbar sein. Für den Vater sollten Sie aber vielleicht ganz anders sein: mutig, durchsetzungsfähig, wortgewandt und souverän. Dann standen Sie als Kind in einem Rollenkonflikt, denn beide wollten Unterschiedliches von Ihnen. Wie haben Sie dieses Dilemma gelöst? Waren Sie bei der Mutter eher unterwürfig und beim Vater souverän? Oder hatten Sie mit einem Elternteil permanent Krach? Es gibt viele Möglichkeiten, mit Rollenkonflikten umzugehen. Versuchen Sie mal zu beobachten, wie Sie heute mit widersprüchlichen Erwartungen umgehen. Beobachten Sie sich in den nächsten Wochen und schreiben Sie Ihre Beobachtungen möglichst situationsgenau in Ihr Tagebuch.

Wie durften Sie auf keinen Fall sein? Egoistisch, laut, aufmüpfig, launisch, faul, bequem, unordentlich und eigensinnig? Dann machen Ihnen diese Eigenschaften auch heute noch Scham- und Schuldgefühle und lassen Sie zu »zu netten« Verhaltensweisen Zuflucht nehmen, wie Nachgeben, Unterwürfigkeit, Selbstverleugnung, Wohlverhalten, Beschwichtigungsverhalten.

Möchten Sie auch heute noch auf keinen Fall als egoistisch, laut, aufmüpfig, launisch, faul, bequem, unordentlich und eigensinnig gelten? Dann wird es Zeit, sich diese Eigenschaften (oder die, die Sie aufgeschrieben haben) genauer anzusehen. Was wäre damals als Kind passiert, wenn Sie diese Tabueigenschaften gezeigt hätten? Wären Sie bestraft worden (wie?), wären Sie verachtet worden, wären Ihre Eltern enttäuscht gewesen? Was wäre heute, wenn Sie so wären, wie Sie nie sein durften? Wer würde Sie bestrafen (wie?)? Wer wäre enttäuscht und wer würde Sie verachten?

Schauen Sie sich Ihre Kinderbilder von damals an und versuchen Sie sich in dieses Kind einzufühlen. Wie war dieses Kind? Woran hatte es Freude, was machte ihm Kummer? Haben Sie Verständnis für dieses Kind und seien Sie auf keinen Fall streng mit ihm. Sie sehen dieses Kind vielleicht heute so, wie Ihre Eltern Sie früher gesehen haben. Vielleicht verachten Sie sich, weil Sie sich bei Mitschülern eingeschleimt haben oder bei den Lehrern? Oder weil Sie so einsam und traurig waren als Kind? Weil keiner Sie richtig verstanden hat? Weil Ihre Gefühle verlacht wurden? Dieses Kind ist immer noch in Ihnen. Sie haben es vielleicht gut versteckt hinter einer Fassade von Coolness, Arroganz und Kompetenz.

Heute Mittag habe ich meine Freundin Ulla besucht. Sie zeigte mir ein riesiges Gemälde von der Mutter Gottes mit dem Jesuskind in Begleitung von vier Engeln. Sie hatte es auf den Boden gestellt, da es in ihrem Haus noch keinen Platz gefunden hatte. »Was für ein Kitsch«, war mein abfälliger Kommentar, »willst du das aufhängen?« Ulla lachte und erzählte mir die Geschichte des Bildes. Ulla ist Lehrerin und besprach kurz vor Schuljahresende mit Kollegen die Möglichkeit, kleine Anerkennungen an gute Schüler zu verteilen. Ulla ergriff Partei für die Schüler, die keine Anerkennung »verdient« hätten. Sie erzählte im Kollegium, dass sie selbst diese kleinen Heiligenbildchen geliebt hatte als Kind, aber nie welche bekam, weil sie zu »schlecht« war.

»Und es macht mir heute immer noch etwas aus«, gab sie zu. Vor allen Kollegen. Dazu gehört Mut.

Einige Wochen später, am letzten Schultag vor den großen Ferien, überreichte ihr ein Kollege eine große verhüllte Tafel. Als sie sie auspackte, war darin ein riesiges Heiligengemälde. Mehrere Kollegen hatten mit der kleinen Ulla gefühlt, dieses Bild besorgt und liebevoll gerahmt.

Ulla war gerührt und ich ebenso, als ich diese Geschichte hörte. Das Geschenk war wie Balsam auf einer alten Wunde, eine späte Genugtuung. Plötzlich erschien es mir gar nicht mehr kitschig.

Wir alle haben alte Wunden, die von Zeit zu Zeit schmerzen. Wenn wir Bedürfnisse, Wünsche, Impulse nicht zeigen durften, haben wir immer noch einen alten Nachholbedarf. Auch nach Jahrzehnten ist er noch frisch und lebendig. In der Therapie kommen alte Nachholbedürfnisse ans Licht. Der eine braucht nochmals ein Babyfläschchen, weil er zu früh entwöhnt wurde. Die andere muss endlich in ihrem Leben so viele Erdbeeren essen, wie sie mag. Weil sie früher rationiert waren. Ein Dritter braucht endlich eine Katze, weil er früher keine gekriegt hat. Ein Vierter muss endlich mal tolle Klamotten kaufen. Zu Hause wurde immer gespart, weil das Haus abbezahlt werden musste. Wenn dieser Nachholbedarf zugelassen und bewusst ausgelebt wird, heilt die Wunde zu.

Und wo liegt *Ihr* Nachholbedarf?

Wenn Sie Ihrem verbuddelten verachteten Kind allmählich Platz in Ihrem Leben einräumen, dann macht es sich immer öfter bemerkbar. Geben Sie ihm, was es braucht, dann wird es Sie reichlich belohnen. Womit? Es wird Ihnen einen »Kompass« schenken, mit dem Sie Ihre Gefühle glasklar erkennen können.

Sie erkennen die Richtung, die *Ihnen* gut tut. Sie werden egoistischer, selbstbewusster, lebendiger, aktiver. Sie werden wieder Sie selbst.

Verantwortung lassen, wo sie hingehört

Wenn Sie »zu nett« sind, dann möchten Sie sicher auch gerne andere vor bestimmten Gefühlen verschonen. Die arme, einsame Mutter wird an Heiligabend zum Fest geholt, auch wenn der Restfamilie die Haare zu Berge stehen. Die dritte Portion Spaghetti wird auch noch vertilgt, damit die Gastgeberin nicht glaubt, es schmecke nicht; und so weiter und so fort. Beispiele gibt es in diesem Buch ja genügend, Beispiele für Nettsein, Hilfsbereitschaft, »Selbst-los«-Sein. In den Augenblicken, wo ich nicht ich selbst bin, existieren meine Wünsche und Bedürfnisse auch nicht mehr. Damit verrate ich mich und meine Gefühle und übernehme die Verantwortung für die (guten) Gefühle der anderen.

Mit dem Verrat an den eigenen Gefühlen erwarte ich automatisch, dass der *andere* die Verantwortung für *meine* Gefühle übernimmt. Damit gebe ich die Verantwortung für *meine* guten Gefühle an die anderen ab.

Die Verantwortung für sich und sein eigenes Wohlergehen zu übernehmen heißt konkret: Das ständige Sorgen um andere aufzugeben. Die anderen leiden zu lassen, weil sie manchmal die Konsequenzen ihrer Handlungen spüren müssen, damit sie sich verändern, reifen und wachsen. Nicht mehr Mann und Kinder »verbessern« wollen und ihnen damit signalisieren, dass man sie nicht akzeptiert und ihnen nichts zutraut (denken Sie an die Mutter, die den Küchenboden nochmals aufwischte). Verantwortung für seine Gefühle übernehmen heißt auch, nicht jede Äußerung auf sich zu beziehen (wenn der Schinken nicht mehr frisch ist, heißt es nicht, dass Sie keine gute Hausfrau sind). Es heißt auch, sich nicht ständig für andere verfügbar zu halten, nicht mehr so viel zu warten und mehr zu handeln. Egoistischer zu handeln.

Nicht mehr auf Wunder hoffen

Wenn ich erst einmal schlank bin, wenn ich erst einmal den richtigen Mann gefunden habe, wenn ich erst einmal verheiratet bin, wenn ich erst einmal ein Kind habe, wenn das Kind erst einmal in den Kindergarten geht, wenn das Kind erst einmal aus der Schule kommt, wenn das Kind erst einmal aus dem Haus ist, wenn wir erst einmal ein Haus haben, wenn wir erst einmal im Lotto gewonnen haben ... dann wird mein Leben schön.

»Das Verlangen nach dem, was wir nicht haben konnten, gab uns die Hoffnung, dass wir es eines Tages bekommen würden und unser Leben besser sein würde. Die Phantasien und die Sehnsucht waren unsere Freunde. Der Nachteil der Phantasien ist zugleich ihr größter Vorteil: Phantasien hindern uns daran, in der Gegenwart zu leben«, schreibt Geneen Roth.[36]

In Wunschträumen leben. Bei manchen dicken Frauen lässt sich dieses Prinzip gut beobachten. Sie haben einen Kleiderschrank voller Klamotten. In mindestens fünf Größen. Da sie in der Gegenwart aber die größte Größe brauchen und immer dafür leben, dass sie eines Tages mal wieder dünner werden und in Größe 36 passen, kaufen sie nichts Neues in Größe 44. Es »lohnt« sich nicht, sie werden ja bald schlank sein. Nur noch die Diät durchhalten, und dann ... Manche Frau hat wenige Tage in ihrem Leben ihre Traumgröße gehabt und die Hälfte des Kleiderschranks ist vollgestopft mit Klamotten in dieser Größe. Dass sie 99 % der Zeit nicht hineinpasste, interessiert nicht. Diese Frauen glauben: Solange ich die momentane Größe nicht akzeptiere, kann ich noch abnehmen. Wenn ich aber diese Größe als »wahr« anerkenne, dann nehme ich nie mehr ab. Die Gegenwart ist ein Provisorium, das »eigentlich« nicht zählt. Die Traumwelt ist die Realität.

In meinem Fragebogen fragte ich: Was müsste passieren, damit ich glücklich wäre? Einige Frauen schrieben, dass sie dazu einen Partner haben müssten. Oder Kinder. Ihnen ist nicht klar, wie viel Macht über ihr Wohlergehen sie an andere abgeben.

Manche Frauen treffen keine Entscheidungen über ihr Leben, wenn sie ohne Partner sind. Sie fahren nicht alleine in Urlaub, sie kaufen sich kein Haus, sie kaufen sich kein neues Auto. Sie warten und warten und warten. Ja, worauf eigentlich? Was soll ihnen ein Mann geben? Klar machen viele Dinge in der Gemeinschaft mehr Spaß als alleine. Was die Frauen, die ich meine, aber suchen, ist mehr als ein Mann. Es ist die Symbiose. Sie möchten jemanden haben, der wie eine gute Mutter für sie sorgt. Wir haben das Thema ja bereits angeschnitten. Gute Mütter, besonders männliche, sind äußerst rar. Wir müssen lernen, uns selbst zu bemuttern.

Probleme tatkräftig anpacken

Es gab aber Frauen, die auf die Frage, was sie glücklich machen könnte, andere Antworten gaben. Eine Frau schrieb: »Im Ausland am Strand leben«, eine andere: »Leben ohne Zwang, ohne immer irgendwelchen Erwartungen entsprechen zu müssen. Mich nicht rechtfertigen müssen, weil ich anders lebe als andere.«

Diese beiden Frauen leben zu festgezurrt. Urlaub und Freiheit von strengen Normen täten ihnen gut. Sich etwas gönnen, die Seele baumeln lassen, sich wehren lernen.

Und dann gab es eine dritte Gruppe, die schon gemerkt hat, dass sie für ihr Wohlergehen selbst verantwortlich ist:

»Ich müsste mehr Glauben an mich selbst haben.« – »Ich müsste mich innerlich mehr vom Schicksal meiner Angehörigen lösen können. Müßte mich von der Meinung und dem Druck meiner Mutter befreien.« – »Müßte mit mir selbst zufriedener sein, mit mir selbst kongruenter leben.« – »Ich müsste mehr Verantwortung für mich selbst übernehmen können.« – »Ich müsste es schaffen, meine Opferrolle aufzugeben, und herausfinden, was ich eigentlich will.« – »Die Gewißheit, dass ich auf dem richtigen Weg bin.« Und: »Ich bin auf dem Weg, auch ohne Partner glücklich zu sein, da ich mich an kleinen Dingen freue.«

Selbst aktiv werden, auch wenn es anderen nicht gefällt, sich Hilfe holen, Freundschaften und Notgemeinschaften aufbauen, etwas für *sich* fordern, Lebenslügen durchschauen und ablegen, ehrlich werden und nicht mehr nur die »Fassade« wahren – das alles geht natürlich nicht ohne Risiko. Vieles kann schiefgehen. Sie werden mehrere Anläufe brauchen.

»Verlierer verlangen Erfolgsgarantien. Da sie diese so gut

wie nie bekommen, sind sie entsprechend selten zu motivieren, sich selbst zu helfen«, schreibt die amerikanische Psychotherapeutin Irene Kassorla. »Sieger können viele Erfolge verbuchen, weil sie aktiv sind und ihr Glück an vielen neuen Projekten versuchen. Das tun sie, obwohl sie genau wissen, dass viele der Dinge, die sie dort in Angriff nehmen, fehlschlagen werden.«[37]

Eigene Ziele entwickeln

Wollten Sie nicht schon lange nähen lernen? Oder malen oder photographieren? Vielleicht möchten Sie »eigentlich« auch Ihre Schule zu Ende bringen oder Ihr Diplom, aber … So viele Menschen möchten irgendetwas von Ihnen, dass Sie »zu nichts kommen«. Als zu nette Frau stellen Sie die Interessen anderer an die erste Stelle, Ihre eigenen an die letzte. Und deshalb kommen Sie zu nichts. Ein seltsamer Ausdruck, »zu nichts kommen«. Denn das Eigene, das Wichtige ist ja nicht »nichts«. Aber »ich komme nicht zu etwas« klingt linkisch. Es wäre aber korrekter.

Wozu wollen Sie eigentlich »kommen«? Zu sich selbst und zu den Dingen, die *Ihnen* wirklich wichtig sind.

»Manche Frauen können nicht ohne die frische Luft in der Natur, ohne Wälder und sternenklare Nächte leben; andere ernähren ihre Seelen vornehmlich mit tiefschürfenden Gesprächen und Literatur. Wieder andere brauchen Farben, Formen, Ton oder andere Dinge, um etwas gestalten zu können. Einige Frauen müssen springen, hüpfen und tanzen, weil ihre Seele danach verlangt. Andere sehnen sich nach vollkommener Abgeschiedenheit, Ruhe und Frieden.«[38]

Horchen Sie in sich hinein und buddeln Sie Ihre begrabenen Träume (wieder) aus. Haben Sie als Kind gerne getobt, getanzt, sich verkleidet, gespielt, gemalt, im Schlamm gewühlt, im Sand gegraben, im Wasser getaucht? Gab es eine Zeit, in der Sie glücklich waren? Wobei sind Sie heute (noch) glücklich und vergessen die Zeit? Dies sind Spuren, die Sie verfolgen sollten.

Eigene Ziele entwickeln heißt die Verantwortung für das eigene Wohlergehen selbst in die Hand nehmen. Von der Position des Opfers kommen Sie in die aktive, handelnde »Täter«-Position. Leider warten viele Frauen darauf, von außen die »Erlaubnis« zu bekommen, dass sie etwas für *sich* tun dürfen. Da diese Erlaubnis nicht kommt, warten sie darauf, dass die Kinder aus dem Haus gehen und der Ehemann stirbt. Erst als Witwen blühen sie auf. Sie schaffen sich einen neuen Freundeskreis, packen neue Hobbys an und gehören wieder nur sich selbst. Wollen Sie so lange warten? Sie können die anderen nicht verändern, nur sich selbst. Fangen Sie im Kleinen an. Sie haben doch schon tausendmal bewiesen, dass Sie anpassungsfähig sind. Wenn dem nicht so wäre, wären Sie nicht »zu nett« geworden. Anpassungsfähigkeit ist ein Merkmal von Intelligenz. Nicht anpassungsfähige Lebewesen sterben aus. Nur: *Woran* haben Sie sich angepasst? Es waren die Anforderungen von außen. Setzen Sie nun langsam, aber stetig eigene Ziele ein, dann gelingt Ihnen die Anpassung an diese »Anforderungen« ebenfalls – wenn Sie Ihre Schuldgefühle zurückstutzen können.

Um in Ihrem Leben mehr Souveränität, Macht und Kontrolle zu bekommen, müssen Sie zweierlei lernen:

1. sich zu schützen,
2. sich auszudehnen.

Beides kann man in kleinen Schritten erreichen.

2. Sich schützen lernen …

… *vor Übergriffen*

Das Vertrackte an Übergriffen ist, dass wir sie oft nicht bemerken. Wir fühlen uns irgendwie komisch, lächeln aber und machen »gute Miene zum bösen Spiel«. Zu nette Frauen haben zwei gelernte Mechanismen, die ihnen den Schutz vermasseln: Der eine heißt *du sollst nichts merken* und der andere *du darfst dich nicht wehren*. Es geht also nun darum, Übergriffe und unsere zu nette Reaktion überhaupt wahrzunehmen. Wenn man eine Sache nicht erkennt, dann kann man sich gar nicht dagegen wehren. Aber Gefahr erkannt heißt beim »Zu-nett-Sein« noch lange nicht Gefahr gebannt.

Wie merken Sie einen Übergriff? An den Gefühlen, die er bei Ihnen auslöst.

Pia hat Geld gespart und möchte sich eine kleine Eigentumswohnung kaufen. Sie hat sich viele Objekte angesehen und eine Wohnung gefällt ihr besonders gut. Aber diese Wohnung ist vergleichsweise zu teuer. Pia weiß genau, wie viel Geld sie in die Wohnung stecken darf und wie hoch die monatlichen Belastungen sein dürfen, damit sie sich auch noch einen Urlaub leisten kann und sich nicht die Margarine aufs trockene Brot kratzen muss. Pia hat gute Vorarbeit geleistet. Sie hat mit der Bank gesprochen und eine Darlehenszusage eingeholt. Sie hat ihre Festgelder gekündigt und einiges mit dem Finanzamt geklärt. Pia ist guter Dinge, als sie den Makler ihrer Traumwohnung aufsucht. Dieser erstellt ihr einen Finanzplan. Nach diesem Plan schafft Pia die Finanzierung ganz locker.

Pia ist verdutzt (Achtung, erste Falle: Ihr Standpunkt wird übergangen). Sollte sie sich so eklatant verrechnet haben? Der Makler redet pausenlos. Pia beschließt, die Finanzierung später nachzurechnen. »Ach, junge Frau«, tönt der Makler, »Sie wissen ja, dass bald der Euro kommt. Mit einer Immobilie sind Sie immer fein heraus. Die steigt noch im Wert, während wir nicht wissen, was mit unserem Geld passiert (zweite Falle: Panikmache). Sie sehen doch, dass Sie die Finanzierung schaffen. Kein Problem für Sie mit Ihrem sicheren Einkommen als Krankenschwester. Und Ihr Beruf ist ja krisenfest. Ha, ha, ha! Greifen Sie schnell zu, junge Frau, am Samstag verkaufen wir die restlichen drei Wohnungen (dritte Falle: Zur Eile mahnen). Wenn Sie heute noch den Vorvertrag unterschreiben, ist Ihre Wohnung gesichert. Sehen Sie, die ist doch wunderschön mit dem großen Balkon, den Holzböden und den weißen Türen. So eine tolle Wohnung finden Sie so schnell nicht wieder.«

Pia unterbricht ihn. »Darf ich noch einmal den neuesten Grundbuchauszug sehen?« – »Aber bitte schön, junge Frau«, sagt der Makler gönnerhaft und reicht ihn herüber. Pia sieht, dass dieser Auszug bereits ein halbes Jahr alt ist und einige Dinge darinstehen, die Pia aufschrecken. Da sind noch Schulden auf dem Grundstück und ein Durchgangsrecht für eine hinter dem Grundstück liegende Schreinerei ist eingetragen. Pia schluckt (Fall vier: Bedürftigkeit). Sie weiß, dass diese Dinge gründlich geklärt gehören, da sie hinterher Ärger ohne Ende bereiten können. Pia hätte aber so gerne diese Wohnung. Der Makler wischt ihre Bedenken vom Tisch. »Die Schulden sind bereits getilgt und das Durchgangsrecht, ach Gott, davon macht ja keiner Gebrauch.« Pia möchte ihm glauben (Falle fünf: Die eigene Wahrnehmung minimieren). Trotzdem verlangt sie einen brandneuen Grundbuchauszug, den ihr der Makler für die nächste Woche verspricht. Weiterhin drängt er auf Unterschrift eines Vorvertrags. Pia liest sich den Maklervertrag gut durch. Sie entdeckt ganz klein am unteren Rand den Hinweis, dass bereits bei Unterzeichnung des Maklervertrages Gelder fällig sind. Pia wird wütend. Aber nur leicht, denn sie möchte ja die Wohnung haben und den Makler nicht verärgern. Pia lächelt bewusst und sagt ruhig und souverän: »Herr M., ich weiß, dass Sie die Wohnung vielleicht bereits am Samstag verkaufen können. Und ich hätte sie auch wirklich gerne. Aber diese Dinge im Grundbuch gehören vorher geklärt. So viel Zeit muss einfach sein. Ich möchte mich noch einmal mit meiner Steuerberaterin und einem befreundeten Architekten besprechen. Ich gebe Ihnen spätestens am Dienstag Bescheid. O.k.?« Der Makler willigt ein. Der Zeitdruck ist vergessen. Als Pia zu Hause die Finanzierung nachrechnet, merkt sie, dass der Makler die ganzen Nebenkosten des Kaufes einfach nicht berücksichtigt hat. Ebenso hat er die Hausnebenkosten bei der Berechnung der monatlichen Belastung für Pia vergessen. Pia ist stolz auf sich, dass sie sich so gut geschlagen hat, und sie fühlt sich fit für die nächste Runde mit dem Makler. Denn sie möchte die Traumwohnung immer noch, weiß aber, dass sie noch Kämpfe ausfechten muss.

Es gab einige typische Übergriffe in unserem Beispiel:

Jemand versucht, Sie von seinem Standpunkt zu überzeugen, ohne Ihren Standpunkt zu berücksichtigen (1. Falle).

Jemand versucht, Sie als dumm hinzustellen, wenn Sie nicht seiner Meinung sind (»Sie wissen doch sicher ...« – »Man ist ja dumm, wenn man nicht ...« – »Ja, du wirst doch das und das nicht machen!« – »Sag mal, bist du denn noch bei Verstand ...«) (2. Falle).

Man drängt Sie, etwas zu tun, obwohl Sie noch gar nicht so weit sind (3. Falle: Panikmache).

Jemand drängt Sie zur Eile bei einer Sache, die *Sie* auslöffeln müssen (4. Falle).

Ihre eigene Bedürftigkeit erleichtert Übergriffe (5. Falle).

Schließlich möchten Sie auch etwas und das hat seinen Preis. Trotzdem müssen Kosten und Nutzen abgewogen werden.

Die Veränderung der eigenen Bewertung leistet Übergriffen Vorschub (6. Falle). Wir sagen uns dann: »Ach, wird schon nicht so schlimm sein.« Oder: »Stell dich halt nicht so an.« Oder: »Andere schaffen das auch, also, was soll's.« Damit arbeiten wir den anderen, die uns über den Tisch ziehen wollen, in die Hände. Wir sind Kollaborateure gegen unsere eigenen Interessen. An einem Übergriff gibt es zwei Schuldige! Der andere, der massiv seine eigenen Interessen verfolgt. Und wir mit unseren Ängsten und Bedürfnissen.

Es sind *unsere* Bedürftigkeit, *unsere* Scham, *unsere* Schuldgefühle. In dem Maße, wie wir diese Gefühle trockenlegen, nehmen gelungene Übergriffe ab.

Die Gefühle, die einen Übergriff ankündigen, sind vor allem: ein leichtes Ziehen in der Brust, der Drang zu schlucken, Herzklopfen, Unruhe.

Stellen Sie sich vor, Sie haben Ihre Eltern besucht und sind gerade dabei, sich zu verabschieden. Ihre Mutter zeigt Ihnen beim Abschied Tüten voller Lebensmittel, Klamotten und Flaschen, die sie Ihnen noch mitgeben will. Sie möchten diese Dinge auf keinen Fall haben. Achten Sie bei dieser Vorstellung auf Ihre Körperempfindungen. Diese Empfindungen gehören zum Frühwarnsystem vor Übergriffen.

Sie sollten diese Empfindungen immer ernst nehmen, wenn sie auftreten. Selbst wenn Sie im ersten Moment noch nicht fähig sind zu reagieren, weil Sie viel zu sehr überrumpelt und perplex sind. Registrieren Sie diese Gefühle und erkennen Sie: Achtung, Gefahr! Aufpassen. Handeln können Sie später.

... vor dem zu schnellen Nachgeben

Stellen Sie sich vor, Sie haben einen Hund, der nicht auf das Sofa darf. Er weiß es genau. Trotzdem testet er aus, ob das Verbot auch heute gilt. Er setzt sich vor das Sofa und sieht Ihnen in die Augen. Sie reagieren nicht. Er geht ganz nahe an das Sofa heran. Sie reagieren nicht. Er schiebt die Spitze der rechten Pfote aufs Sofa. Sie reagieren nicht.

Er schiebt linke und rechte Pfote mutig aufs Sofa. Keine Reaktion von Ihnen. Dann drückt er die Schnauze aufs Sofa. Dann den Kopf. Sein Oberkörper gleitet Zentimeter für Zentimeter auf das Sofa. Irgendwann zieht er die Hinterbeine nach und liegt auf dem Sofa. Geschafft. »Ja, gehst du wohl vom Sofa!! Wer hat dir denn das erlaubt?« brüllen Sie nun Ihren Hund an. Schuldbewusst, aber auch beleidigt verzieht sich der Hund. Schuldbewusst, weil er ja wusste, dass er nicht aufs Sofa darf. Beleidigt, weil Sie es ihm indirekt durch Ihre unterbliebene Nein-Reaktion »erlaubt« haben. Sie haben die Grenze nicht dort gezogen, wo sie hingehörte, nämlich bereits dort, wo der Hund Sie erwartungsvoll ansah. Sie hätten auch noch an anderen Stellen reagieren können, je früher, desto besser. Ihre Grenze war zu elastisch.

Dies ist ebenfalls ein Problem der zu netten Frau. Wenn die Grenzen zu elastisch sind, dann ist die Kontur in Gefahr. Ihre Kontur aber zeigt anderen Menschen, wer Sie sind: Jemand, den man respektieren und ernst nehmen muss, oder jemand, mit dem man alles machen kann. Konrad Adenauer soll einmal jungen Kollegen den Rat gegeben haben: »Mache dich erst einmal unbeliebt, dann wirst du wenigstens ernst genommen.«

Gilt dieser Spruch nur für Männer? Was bei Männern als Durchsetzungsvermögen verbucht wird, gilt bei Frauen schnell als Zickigkeit. Was soll's. Wenn Sie glauben, dieser Spruch könnte Ihnen in Zweifelsfällen helfen, dann wenden Sie ihn an. Experimentieren Sie. Kinder mögen keine Eltern, die zu schnell nachgeben. Das brachte mir mein Sohn schon früh bei. Ich hatte Schokoküsse gekauft und versprach meinem Sohn einen, wenn er sein Zimmer aufgeräumt habe. Er quengelte beim Aufräumen und drängte darauf, den Schokokuss jetzt schon zu essen. Mir war das Thema nicht so wichtig. Ich überlegte mir bei seinem Quengeln, ob ich ihm nicht einen gleich geben könnte, als Vorschuss sozusagen, und noch einen als Belohnung hinterher. Kaum machte ich eine Andeutung meiner Überlegung, sagte er entsetzt: »Nein, erst hinterher. Du hast gesagt hinterher und jetzt machen wir das auch so.« Ich blieb dann natürlich auch bei meinem Wort. Es war klar, dass es dem Kind nicht um den Schokokuss ging, sondern darum, dass man sich auf Mutters Wort verlassen konnte. Seither nehme ich meine eigenen Drohungen oder Versprechungen Kindern (und Erwachsenen) gegenüber viel ernster. Logisch, oder? Wenn man sich selbst nicht an seine Abmachungen hält, warum sollte sich jemand anders dran halten? Das heißt aber nicht, dass man *nie* nachgeben darf. Ein größeres Kind kann damit umgehen, dass man eine Entscheidung doch noch kurzfristig neu durchdiskutiert. Wenn Sie gerade fürs Schwimmbad gepackt haben und es fängt an zu regnen, ist es kaum sinnvoll, das Vorhaben durchzuziehen. Dann ist eine Diskussion fällig, ob man ins Hallenbad geht, den Schwimmbadbesuch verschiebt oder stattdessen ins Kino geht.

Die Nachgiebigkeit, die ich meine, ist unreflektiert, zwanghaft. Sie wird von Angst gesteuert, der Angst, nicht mehr geliebt zu werden.

Miriam wollte »eigentlich« mit Mark keine Liebesbeziehung eingehen. Mark ließ sich nicht abweisen. Er bemühte sich aktiv um Miriam. Er war immer da, wenn sie einsam war, und das war oft der Fall. Miriam wusste wenig mit sich anzufangen. Alle ihre Freundinnen hatten bereits Freunde und Miriam wollte nicht zurückstehen. Mark drängte darauf, dass Miriam mit ihm schlafen sollte, als »Liebesbeweis«. Miriam war gerade mal 17 Jahre alt. Miriam wollte Mark nicht verlieren, also »bewies« sie ihm ihre »Liebe«. Immer wieder. Gleichzeitig hoffte Miriam, dass sie noch den »Richtigen« kennen lernen würde. Sie wurde schwanger, von Mark. Miriams Familie stand Kopf und drängte auf Heirat. Miriam gab wieder nach. Irgendwann hatte sie Mann und Kind. »Eigentlich« wollte sie ja die Schule zu Ende machen und vielleicht studieren. Heute ist Miriam 25, hat noch ein zweites Kind bekommen, das sie »eigentlich« nicht wollte, und möchte sich von ihrem Mann trennen. Sie hat ihn nie geliebt. Aber was dann? Ein eigenes Leben würde viel Kraft kosten, insbesondere als alleinerziehende Mutter mit zwei Kindern. Also bleibt alles beim Alten.

Miriam ist natürlich ein Extremfall, der zum Glück nicht so häufig ist. Der »Normalfall« der zu schnellen Nachgiebigkeit findet auf der »banalen« Alltagsebene statt:

Wenn Mutter auf ihr Kuchenstück verzichtet, weil die Kinder noch etwas wollen (macht fast jede Mutter, ist auch nichts dabei, wenn es einem nichts ausmacht).

Wenn man schon zum vierten Mal das Katzenklo sauber macht, obwohl man gar nicht dran ist.

Wenn das Gassigehen mit dem Hund mal wieder an einem hängen geblieben ist.

Wenn mal wieder Urlaub an der See gemacht wird, obwohl man in die Berge möchte.

Wenn ich mal wieder Nachbars Meerschweinchen in Pflege nehme, obwohl ich keine Lust mehr auf das Tier habe.

Wenn ich die »gut gemeinten« Wollsocken meiner alten Tante anziehe, obwohl ich sie hasse.

Die Liste ließe sich beliebig fortsetzen, und Sie sollten diese Liste mit eigenen Beispielen füllen.

Einen perfekten Schutz gegen die Nachgiebigkeit gibt es nicht. Wahrscheinlich hat man sein Leben lang damit zu tun, immer und immer wieder zu entdecken, dass man nun diesmal doch wieder ein Opfer des Zu-nett-Seins war. Es ist wie ein Signal, das einem sagt: Stopp, hier hast du nicht bewusst auf deine Gefühle geachtet.

Auch hier gibt es wieder ein Frühwarnsystem. Wenn Ihnen bei Überredungskünsten Ihres Gegenübers leicht flau wird, dann wissen Sie, dass etwas für Sie nicht stimmt. Achten Sie auf Ihre eigenen Empfindungen, wenn Sie »überzeugt« werden sollen. Sieht Ihr Frühwarnsystem ganz anders aus? Lernen Sie, die feinen Gefühle und Empfindungen wahrzunehmen, mit denen Ihr Körper Ihnen signalisiert: Achtung, Falle!

Das ist der Schutz: dass Sie es bemerken und dann tatsächlich handeln und freundlich, aber bestimmt *nein* sagen. Und auch dabei bleiben.

... vor der eigenen Leichtgläubigkeit

Türkeiurlaub '97. Die ganzen Ferien hatte ich mir noch nichts gekauft. Am zweitletzten Tag entdecke ich im Hotelshop eine Brosche mit einem Lapislazuli. Es ist Abend und das Licht im Laden ist schummrig.

Ich will die Brosche haben. Da ich kein Geld habe, legt die Verkäuferin sie mir zurück. 53 DM soll sie kosten. Da kann man nicht maulen. Als ich am nächsten Tag bei hellem Sonnenschein wieder den Laden betrete, kommt mir der Stein merkwürdig hell vor. Mit einem netten Lächeln holt die Verkäuferin ein Tütchen zum Einpacken.

Sie spricht nur sehr dürftig englisch, so dass ich mich nicht über die Echtheit des Steines unterhalten kann. Ich überlege fieberhaft, wie meine Lapise zu Hause aussehen. Die waren doch satter und dunkler. Ich frage die Verkäuferin, ob der Stein wirklich echt ist. Sie versteht nicht, lächelt maskenhaft. Ich denke, noch könntest du zurück. Die Brosche gefällt mir, auch wenn der Stein nicht echt ist. Ich nehme sie. Gefällt sie mir wirklich? Als ich sie zu Hause neben meine echten Lapise halte, wirkt sie billig. Gefärbtes Glas oder Plastik mit einem unechten silbrigen Gehäuse. Warum war ich nur so dumm? So billig aussehenden Schmuck ziehe ich doch gar nicht an. Ich ärgere mich und verbuche die 53 DM auf das Konto »Lebenserfahrungen«.

Wie mir ergeht es Tausenden von Urlaubern. Man glaubt etwas, weil man es glauben *möchte*. Man möchte ein Schnäppchen machen, die Gier, die Bedürftigkeit und die Angst vor Blamage, wenn man kurzfristig vom Kauf zurücktritt, lassen einen im fremden Land zu leichter Beute werden.

Zu nette Frauen sind auch oft leichtgläubige Frauen, denen man Bären aufbinden kann. Sie sind arglos und glauben, jeder sei so aufrichtig wie sie selbst.

Eine Freundin erzählte mir folgende Geschichte aus ihrer eigenen Therapie. Die Therapeutin hatte sie darauf aufmerksam gemacht, dass sie im Gespräch oft leicht mit dem Kopf nicke. Nach anfänglichem Abstreiten (»alles Zufall«) fällt ihr ein, dass in der Kirche, in die sie als Kind öfters ging, eine Sammelkasse in Form eines Negerkindes stand. Immer wenn man einen Groschen hineinwarf, nickte der Neger »zum Dank«. Bereits als Kind kamen ihr diese in den Fünfzigerjahren weit verbreiteten Sammeldosen für die »armen Negerlein« degradierend vor. Meine Freundin fühlte mit diesem Negerkind und war sehr gerührt.

Später beobachtete sie, wie andere Frauen reagierten, wenn jemand mit ihnen sprach. Sie nickten nicht. Nicken bedeutet

Zustimmung. Für den Sprecher ist es ein Akt des Wohlwollens, wenn der Zuhörer nickt. Nur wenn sich das Nicken verselbständigt, wird es zu einer Unterwerfungsgeste. Sie signalisiert: Ja, ja, du hast Recht. Egal was du sagst, ich glaube dir alles und gebe dir Recht. Wenn wir zu leichtgläubig sind, geben wir dem anderen einen Blankoscheck. Das muss ja nicht sein.

Beobachten Sie sich und achten Sie auf Ihre »Unterwerfungsgesten«. Lächeln, den Kopf leicht zur Seite neigen, den Blick senken, an der Kleidung oder am Haar herumzupfen und nicken sind Unterwerfungsgesten. Beobachten Sie andere Menschen in Ihrer Umgebung, wenn Sie sich unterhalten.

Sehen Sie Unterschiede, wenn sich die anderen mit ihrem Chef, mit ihren Kindern, mit Fremden und mit Freunden unterhalten? Schreiben Sie sich diese Unterschiede auf. Bitten Sie eine gute Freundin um Feedback, was Ihr eigenes Kommunikationsverhalten betrifft.

Versuchen Sie immer weniger Unterwerfungsgesten zu zeigen. Wie fühlen Sie sich damit? Wie reagiert Ihr Gegenüber?

Wenn Sie das Gefühl haben, jemand möchte Ihnen etwas Falsches andrehen oder Sie von etwas überzeugen, was nicht stimmt, dann nehmen Sie eine »Auszeit«. Schlafen Sie über einer Entscheidung und diskutieren Sie mit anderen darüber. Sie werden dann in Ihren echten Gefühlen bestärkt und können eine Entscheidung treffen, die Sie nicht bereuen.

... vor der Verleugnung der eigenen Gefühle

Oftmals fallen wir uns selbst in den Rücken und verraten unsere eigenen Gefühle. Ich muss es noch einmal sagen: Es kommt nicht darauf an, dass wir immer und sofort unsere Gefühle ausleben sollen. Das geht in einer Gemeinschaft ja gar nicht. Wir sollten aber unsere Gefühle wahrnehmen und dann auch akkurat benennen können. Sie müssen Kontur bekommen, dann kann man sie auch – wenn die Situation es erfordern sollte – mal auf die Seite stellen oder die Befriedigung aufschieben.

Wie lange der Prozess dauern kann, bis man seinem eigenen Gefühl traut und dann dementsprechend handelt, möchte ich an einem neueren eigenen Beispiel aufzeigen.

Cluburlaub in der Türkei (ja, in diesem Urlaub habe ich einiges dazugelernt). Mein Sohn sieht die Reklamebilder vom türkischen Bad. Ein Pärchen in dicken Schaumwolken, ein Pärchen bei der Massage, ein Pärchen, dem Wasser über den Kopf gegossen wird, im Hintergrund strahlend lachende Masseure. Mein Sohn möchte unbedingt reingehen. Da Kinder aber nur in Begleitung eines Erwachsenen reindürfen, lasse ich mich breitschlagen mitzugehen (1. Falle). Wir machen also beim Chefmasseur einen Termin aus. Große Lust habe ich nicht, aber ich denke, wer weiß, ob wir je wieder in die Türkei fahren und noch einmal die Gelegenheit dazu bekommen, ins türkische Bad zu gehen (2. Falle). Im Laufe des Tages wird mir bei dem Gedanken ans türkische Bad ein bisschen flau. Ich schiebe es weg und denke, es ist, weil ich dadurch einen halben Urlaubstag »verliere« (3. Falle).

Irgendwann fragt mein Freund: »Sag mal, gibt es da nur männliche Masseure?« Plötzlich ist das flaue Gefühl ganz stark. Ich bekomme leichtes Herzklopfen (Angst?). Auf den Bildern habe ich keine weiblichen Masseure gesehen, aber ich nehme an, dass Frauen im Bad von Frauen behandelt werden.

Das flaue Gefühl lässt sich jedoch nicht mehr wegdrücken. Mein Sohn freut sich schon unbändig auf das Bad. Sein Vater hat keine Lust, sich zu »opfern«. Also hängt die Entscheidung an mir (4. Falle). Ich diskutiere das Thema am Strand. Eine Animateurin erklärt mir, dass sich schon viele Frauen beschwert haben, dass es keine Masseurinnen gibt. Mein »Ich-will-nicht-Gefühl« bekommt Auftrieb. Es ist inzwischen so stark, dass es keiner mehr wegreden kann. Als ich meinem Sohn klarmache, dass ich nur mit ins türkische Bad gehe, wenn eine Frau sich um uns kümmert, meint er: »Ach Mama, stell dich doch nicht so an. Andere Frauen schaffen das doch auch« (5. Falle). Mein Entschluss steht fest. Türkisches Bad nur mit Frauen. Am nächsten Morgen ist unser Termin. Wir gehen hin und ich frage den Masseur, ob er denn als Mann vorhabe, Frauen zu baden und zu massieren. »Ja, warum denn nicht«, meint er ganz erstaunt, »die Leute hier sind alle Profis« (6. Falle). Ich mache ihm klar, dass ich nicht vorhabe, den Termin wahrzunehmen, wenn er keine Masseurin vorweisen kann. Er kann es nicht. »Keine türkische Frau würde sich von einem Mann im Bad massieren lassen.« Das musste er zugeben. Er entließ mich aus meinem Termin ohne Entschädigung. Ich fühlte mich sehr wohl hinterher. Enttäuscht war nur mein Sohn, aber ich konnte es aushalten.

Sie sehen, das Spüren von Signalen ist eine komplizierte Sache, die sich im Verlauf eines Entscheidungsprozesses immer wieder verändert, weil immer wieder neue Informationen hinzukommen.

Die erste Falle: Man urteilt nach dem ersten Eindruck, aus einem momentanen Gefühl heraus. Die Tragweite des Entschlusses ist einem nicht klar.

Die zweite Falle: Man ignoriert seine unguten Gefühle, weil man »vernünftig« ist (»die Chance bekommst du so schnell nicht wieder«).

Die dritte Falle: Das ungute Gefühl ist zwar schon klar und deutlich zu erkennen, aber man ordnet es falsch zu (»es kostet zu viel Zeit«), um die Entscheidung (ins Bad gehen) aufrechterhalten zu können.

Die vierte Falle: Nun trägt man ganz alleine die Verantwortung für die Entscheidung. Wenn man jetzt noch absagt, dann ist der andere enttäuscht. Das möchte man ihm nicht antun. Das Nein-Gefühl wird nochmals kräftig unterdrückt.

Die fünfte Falle: Sozialer Druck. »Mit dir ist etwas nicht in Ordnung, wenn du absagst. Stelle dich nicht so an, andere machen es doch auch.«

Die sechste Falle: Expertentum. Der »Experte« erklärt uns, dass unsere Gefühle keine Berechtigung haben. Er als Experte weiß besser Bescheid über uns als wir selbst.

Zugegeben, einen Entscheidungsprozess so genau zu analysieren kostet etwas Mühe. Der Lohn dafür ist allerdings jede

Mühe wert. Das echte Gefühl bekommt klare Konturen, und man kann eine Entscheidung fällen, die für einen stimmt. Vor allem wird das Selbstwertgefühl schlagartig besser. Je häufiger Sie sich souverän verhalten, desto leichter fällt es Ihnen. Und desto häufiger und besser nehmen Sie wahr, wo Sie jemand gegen Ihre eigene Überzeugung beeinflussen möchte. Das passiert öfter, als Sie denken.

An den zerbrochenen Stellen stark werden

Jede zu nette Frau ist eine instinktverletzte Frau. Ihre Grenzen wurden verletzt, übertreten, nicht respektiert.

Unser Gartenzaun hat Löcher und ist an manchen Stellen morsch und brüchig, an anderen Stellen wurde er niedergetrampelt. Aber er hat auch gute, haltbare Stellen.

Das sind die Stellen, an denen wir ohne Probleme und ohne uns Gedanken machen zu müssen nein sagen können. Wo wir Forderungen stellen können und uns gut und souverän fühlen.

»Als Kind erschuf ich mir eine eigene Welt, weil die Welt, in der ich lebte, keine Heimat für mich war. Ich lernte, dass Geld niemanden glücklich macht. Ich erfuhr von Tod und Gewalt, Betrug, Lügen und Stehlen und von Humor, Entschlossenheit und Standhaftigkeit. Ich zerbrach in zehntausend Stücke. Was ich heute bin, ist das Resultat der Art, in der ich die Stücke zusammengesetzt habe ... Hemingway sagt, dass die Welt jeden zerbricht und dass manche stark seien an den zerbrochenen Stellen.«[39]

Der Sinn einer Heilung ist es, an den zerbrochenen Stellen stark zu werden. Unseren Gartenzaun zu reparieren und ihn noch zu verstärken, so, dass er an den kaputten Stellen, dort, wo wir zu nett sind, besonders haltbar wird, damit wir uns hinter unserem Zaun endlich sicher und geborgen fühlen.

»Zu einem magischen Gefühl der Sicherheit gehören immer zwei Aspekte. Der eine: Man traut sich zu, selbst zu entscheiden und die Verantwortung für sich zu übernehmen. Der andere: Man fühlt sich nicht dauernd und von allen bedroht oder angegriffen oder ausgenutzt, denn man weiß, dass man seine Interessen und Bedürfnisse schützen kann, wenn es sein muss.«[40]

Sind Sie bereit, Ihren Gartenzaun zu reparieren? Auch wenn es viel Zeit in Anspruch nimmt? Sie benötigen dazu noch einige »Werkzeuge«.

Ein »Werkzeug« ist Ihre Beobachtungsgabe. Sie müssen beobachten, wie Menschen miteinander umgehen. Das können Sie in Ihrem Umfeld tun und sogar im Fernsehen oder im Kino. Mit ein bisschen Übung fällt Ihnen immer mehr auf. Schreiben Sie in ein Tagebuch, was Ihnen immer wieder auffällt. Sie beobachten auch sich selbst und wie Sie sich in Situationen verhalten, in denen Sie Grenzen ziehen und halten müssen. Es werden Ihnen die Löcher im Gartenzaun auffallen. Es sind die Stellen, an denen Sie Ihre Grenzen nicht halten können. Wo Sie zu nachgiebig und zu leichtgläubig sind. Wo Sie Ihren eigenen Gefühlen nicht trauen.

Dann suchen Sie sich Vorbilder, die an der Stelle, wo ihr Gartenzaun Löcher hat, intakt sind. Suchen Sie sich Vorbilder, die sich abgrenzen können. Es kann Tante Irmtraud sein oder Pippi Langstrumpf, Thomas Gottschalk oder Margarete Schreinemakers. Am besten ist natürlich ein Modell, mit dem Sie sich über den ganzen Abgrenzungsprozess unterhalten können.

Dieses Modell wird wahrscheinlich genau wie Sie Angst haben. Trotzdem macht es weiter, auch wenn die Angst immer stärker wird. Das Wunderbare an der Angst ist, dass sie innerhalb der angstbesetzten Situation langsam zurückgeht.

Je länger Sie die Angstsituation aushalten, desto geringer wird Ihre Angst sein. Und je mehr die Angst zurückgeht, desto klarer können Sie wieder denken.

Und wenn Sie sich Ihren Ängsten gestellt und nicht gekniffen haben, sind Sie hinterher mächtig stolz auf sich.

3. Sich ausdehnen lernen

Den Ballon langsam aufblasen

Angriff ist die beste Verteidigung, sagt der Volksmund. Auch Spiele, bei denen es etwas zu gewinnen gibt, haben oft einen Sturm und eine Verteidigung. Beim Souveränerwerden ist das Schützen der eigenen Gefühle und Interessen mit der Verteidigung zu vergleichen. Was aber ist der Angriff, der Sturm?

Er besteht darin, frech zu werden, aufmüpfig zu werden, für sich und seine Interessen und Bedürfnisse einzustehen, die selbstgesetzten Grenzen zu überschreiten, zu handeln und zu bestehen, *obwohl* einem das Herz vor Angst fast in die Hose rutscht.

Sich schützen und sich ausdehnen gehen Hand in Hand. Es ist ein langer, mühsamer Prozess, der sich aber sofort auszahlt. Sie werden von Ihrer Umwelt mehr respektiert, aber auch öfter angefeindet. Und Ihr Selbstwertgefühl, Ihre Souveränität steigen mit jedem Tag, wenn Sie immer am Ball bleiben.

Man könnte diesen Prozess des Souveränerwerdens mit dem Aufblasen eines Luftballons vergleichen. Das Luftreinblasen ist das Ausdehnen, wenn Sie sich behaupten und sich selbstsicher und Ihren Interessen dienend verhalten. Dieser Luftballon hat aber ein kleines Loch, durch das unablässig etwas Luft ausströmt. Das heißt, wenn Sie nicht regelmäßig kräftig blasen, zerrinnen Ihre Fortschritte wieder. Dieser Vergleich gilt nur für die Anfangsphase. Wenn Sie sich einen Grundstock an souveränem Verhalten erarbeitet haben, dann bleibt Ihnen der in der Regel auch lange Zeit erhalten.

Wenn Sie sich schützen und ausdehnen können, dann werden Sie feststellen, dass Sie sich psychisch auch besser ernähren können. Dann stellen sich Lebenslust und Energie ein. Und Sie sind weniger bedürftig, was die Zuwendung anderer betrifft. Das erleichtert den Umgang mit Ihrer Umwelt. Sie werden nicht mehr aufrechnen, Ihre »Außenstände« nicht mehr mit beleidigter Miene einzutreiben versuchen. Sie werden entspannter und gelassener werden. Also, Sie sehen schon, es lohnt sich, souveräner zu werden.

Pippi Langstrumpf hat es …

»Der feine Herr schaute sie an, und dann sagte er: ›Ich glaube, du bist das häßlichste Balg, das ich je gesehen habe.‹

›Ach‹, sagte Pippi, ›ich finde, du bist auch gerade nicht so bildschön, dass man vor Entzücken hochspringt, wenn man dich sieht!‹

Der feine Herr sah beleidigt aus, aber er sagte nichts. Pippi stand eine Weile still und schaute ihn von der Seite an. ›Du‹, sagte sie schließlich, ›weißt du, was für eine Ähnlichkeit zwischen mir und dir ist?‹

›Zwischen mir und dir?‹ fragte der feine Herr. ›Zwischen uns beiden gibt es ja wohl hoffentlich keine Ähnlichkeit.‹

›Doch‹, sagte Pippi. ›Wir haben beide ein großes Mundwerk. Mit Ausnahme von mir.‹«[41]

Ist Pippi eher optimistisch oder pessimistisch? Gibt sie schnell auf oder hält sie durch?

Glaubt sie an sich oder will sie es anderen recht machen? Hat sie eine gute Ausstrahlung oder ist sie eine graue Maus? Ist sie souverän oder zu nett? Ist sie ehrlich oder »diplomatisch«? Weiß sie mit sich etwas anzufangen oder langweilt sie sich leicht? Ist sie eher hilflos oder hat sie Macht und Einfluss auf die Dinge um sie herum?

Jeder, der Pippi Langstrumpf kennt – und wer kennt sie nicht? –, weiß sofort die Antworten.

Pippi ist ein Bürgerschreck. Das brauchen Sie nicht gleich zu werden, aber vielleicht werden Sie es, wenn Sie erst einmal ein gehöriges Maß an Souveränität gewonnen haben? Es geht darum, die Pippi Langstrumpf in Ihnen zu wecken.

Warum kann Pippi so frech sein? Warum hat sie keine Angst vor Erwachsenen? In den Geschichten von Astrid Lindgren hat Pippi übermenschliche Kräfte. Sie kann Pferde hochheben und damit gegen jeden Erwachsenen überlegen kämpfen. Sie hat einen Koffer voll Gold und damit hat sie auch wirtschaftliche Macht. Sie hat ein großes Haus mit Garten, das sie kindgerecht verwahrlosen lässt, so, dass man alles machen kann, ohne etwas »kaputtzumachen«. Pippi hat zwei Freunde, die treu zu ihr halten, die Nachbarskinder Thomas und Annika. Auch gegen die Erwachsenen halten die drei zusammen.

Pippi hat mehrere Tiere, ein Pferd und ein Äffchen, den Herrn Nilson. Und Pippi hat einen Kopf voller ungewöhnlicher Ideen, die sie gegen die Widerstände der Umwelt in die Tat umsetzt. Pippi hat auch Feinde. Die Fürsorgerin, die sie ins Heim stecken will, und die Polizisten, die zu selbständige Kinder als »kriminell« ansehen. Pippi hat keine Eltern, die Mutter ist tot, der Vater ist auf See. Den Schutz der Bemutterung der Eltern hat sie bereits selbst übernommen.

Pippi Langstrumpf hat also auf der einen Seite äußere Ressourcen (Kraft, Geld, Platz zum Ausdehnen, Freiheit) und auf der anderen Seite innere Rückenstärkung (Freunde, viele Ideen, Lebenslust, Durchhaltevermögen, Spaß).

Pippi ist souverän. Wir können von ihr lernen. Sie lässt sich nicht unterkriegen, ihr fallen immer neue Möglichkeiten ein, sie glaubt bedingungslos an sich selbst und sie kennt keine Depressionen. Sie geht mit glänzenden Augen auf die Welt zu, sie hat Macht, sie kann etwas bewirken. Sie ist aktiv und voll dabei. Sie ist schlagfertig und mutig. Sie ist nie hilflos oder verzweifelt, weil sie ihre Energie in das Ausbrüten von so genanntem »Bewältigungsverhalten« steckt und nicht in kreisförmige Grübeleien. Pippi ist Optimistin.

Optimismus macht stark

Stellen Sie sich ein halb gefülltes Glas vor. Der Pessimist sagt: »Leider ist es schon halb leer.« Der Optimist sagt: »Zum Glück ist es noch halb voll.« Obwohl es um dieselbe Tatsache geht, fühlt sich der Optimist viel besser.

Optimismus und das Gefühl, die Macht zu haben, in seinem Leben etwas bewirken zu können, ist das Gegenteil von gelernter Hilflosigkeit (Sie erinnern sich an die Hundeexperimente von Martin Seligman?).

»Optimismus bedeutet, dass man, wie bei der Hoffnung, die feste Erwartung hat, dass sich trotz Rückschlägen und Enttäuschung letztlich alles zum Besten wenden wird.«[42]

Der wichtigste Unterschied zwischen Optimisten und Pessimisten liegt darin, dass die Optimisten Niederlagen *vorübergehenden äußeren Faktoren* zuschreiben. Die Pessimisten schreiben sie *inneren Eigenschaften* zu. Optimisten sagen sich: »Das war halt Pech«, Pessimisten sagen sich: »Du bist ein Versager. Du packst es nie.« Klar, dass Pessimisten schnell aufgeben. Wenn der Grund für eine Niederlage *in einem selbst* liegt, dann ist es auch nicht sinnvoll weiterzumachen. Wozu auch?

Liegt der Grund für die Niederlage aber in veränderlichen äußeren Umständen, dann habe ich immer wieder eine neue Chance. Wenn man neue Chancen sieht, dann hat man auch Lust, es nochmals und nochmals zu probieren.

Viele zu nette Frauen sind Pessimistinnen. Sie trauen sich nicht viel zu und glauben auch nicht daran, dass sie Glück haben könnten. Meist haben sie dann auch noch hohe Erwartungen an das Ergebnis. Zeit, etwas nachzubessern oder dazuzulernen, geben sie sich meist nicht. Und dann ist der Misserfolg vorprogrammiert.

Das für jeden Erfolg so wichtige Durchhaltevermögen wird vom Optimismus und von der Hoffnung auf Erfolg genährt.

Der Hilflosigkeitsforscher Seligman beauftragte eine Doktorandin, den Zusammenhang zwischen Hilflosigkeit und Krebswachstum zu untersuchen. Die Doktorandin, Madelon Visintainer, nahm drei Gruppen von Ratten, denen sie Krebszellen einspritzte. Die erste Gruppe bekam Elektroschocks, denen sie ausweichen konnte (die Ratten konnten etwas bewirken), die zweite Gruppe konnte nicht ausweichen (hilflose Ratten) und die dritte Gruppe bekam überhaupt keine Schocks (Kontrollgruppe). Die eingespritzten Krebszellen waren Sarkomzellen. Diese Krebsart ist sehr bösartig. Die drei Rattengruppen wehrten die Krebszellen unterschiedlich ab. »Innerhalb eines Monats starben 50 Prozent der Ratten, die keine Schocks erhalten hatten, die anderen stießen den Tumor ab, was einer normalen Rate entsprach. Von den Ratten, die den Schock dadurch abstellen konnten, dass sie einen Hebel betätigten, stießen 70 Prozent die Krebszellen ab. Aber nur 27 Prozent der hilflosen Ratten.«[43]

Damit hatte Madelon Visintainer bewiesen, dass gelernte Hilflosigkeit das Krebswachstum beeinflussen kann.

Dass Hilflosigkeit zum Tod führen kann, weiß man schon lange. Der Voodoo-Tod und der Tod durch Verwünschungen von Medizinmännern wirken bei Menschen, die sie ernst nehmen, tatsächlich oft tödlich.

Im selben Ausmaß positiv wirkt sich Optimismus aus.

Optimisten haben ein besseres Immunsystem, weil sich ihre Killerzellen, die Viren, Bakterien und Krebszellen fressen, schneller vermehren als die von hilflosen, pessimistischen Menschen. Auch wird ein optimistischer Mensch eher einen Sinn in gesunder Ernährung, rauch- und alkoholfreiem Leben und einem Bewegungsprogramm sehen als ein Pessimist, der sowieso glaubt, dass alles nichts nützt.

Optimisten bewerten nicht so viele Ereignisse im Leben negativ und regen sich damit weniger auf. Sie sind gelassener, entspannter, zuversichtlicher. Und sie haben mehr sozialen Rückhalt. Mit ihrem erfrischenden Wesen kommen sie überall an. Optimismus kann man lernen. In kleinen Schritten im Alltagsleben.

Sofia steigt in die volle Straßenbahn. Da entdeckt sie eine alte Frau, die einen Sitzplatz mit ihrer Tasche besetzt hat. Sofia geht auf die alte Dame zu und fragt höflich, ob sie die Tasche wegnehmen könnte. Die Frau lehnt ab, da sie meint, wenn sie die Tasche auf ihren Schoß nehme, dann werde sie zu schwer. Sofia lächelt und bleibt stehen. Nach einer Minute nimmt die Frau die Tasche vom Sitz und stellt sie auf den Boden. Sofia freut sich, setzt sich hin und bedankt sich. Früher hätte Sofia es nicht gewagt zu fragen.

Anna findet sich zu dick und möchte sich, wenn sie fünf Kilo abgenommen hat, eine Reithose kaufen. Eines Tages, als sie »gut drauf« ist, geht sie spontan in einen Laden, probiert Reithosen an und kauft eine. Hinterher ist sie glücklich und hat das Gefühl, souveräner geworden zu sein.

Ich gehe mit meinem Sohn (9) ins Schwimmbad. Dort gibt es eine viele Meter lange Riesenrutsche mit schwungvollen Kurven, kleinen Hügeln und Tälern. Nie im Leben bin ich von so etwas gerutscht. Mein Sohn ermutigt mich. Ich verspreche ihm, es zu versuchen. Ich habe Angst (wovor eigentlich?) und rutsche mit ihm gemeinsam. Es macht einen Riesenspaß.

Banalitäten, gewiß. Aber diese Banalitäten sind es, die im Hier und Jetzt ihre Wirkung entfalten, die Ihr Herz erwärmen und Ihre Augen zum Strahlen bringen.

Wer optimistischer und souveräner werden möchte, muss sich viele kleine Alltagssituationen vergegenwärtigen, die er einfach mal anders, *positiver, unbeschwerter* und *lockerer* anpacken sollte. Wenn etwas nicht so läuft, wie es unserer Meinung nach laufen sollte, dann können wir versuchen, es zu verändern. Wir sollten dabei nie, nie, nie uns selbst abwerten. Besser ist es, Hilfe zu holen, uns etwas zeigen zu lassen und uns, wenn gar nichts mehr zu retten ist, zu sagen, dass es für irgend etwas gut gewesen ist.

Vom »Glasglockengefühl« zu neuer Lebendigkeit

»Manchmal fühle ich mich wie eine Torte, der jemand mit der Faust ein Loch in die Mitte geschlagen hat«, sagte mir Helena, eine 23-jährige Architekturstudentin.

»Ich bin dann innerlich wie gelähmt, spüre mich gar nicht richtig und gehe wie im Nebel. Auch zu meiner Umwelt bekomme ich keinen richtigen Kontakt. Es ist, als ob ich unter einer Glasglocke bin und die schöne, sonnige Welt ist draußen außerhalb der Glocke.«

Was Helena beschreibt, kennen viele zu nette Frauen.

Sie nennen das Gefühl »Matschbirne«, »Dünnhäutigkeit«, »Lähmung« und auch »Depression«. Alle Versuche, es korrekt zu beschreiben, scheitern daran, dass man, wenn das Glasglockengefühl gerade nicht da ist, gar nicht mehr richtig weiß, wie es sich anfühlte.

Helena: »Neulich samstagmorgens war es wieder da. Ich ging in die Stadt und wollte mir eine neue Hose kaufen. Irgendwie tappte ich ziellos durch die Straßen. Ich war leicht ablenkbar, aber irgendwie nahm ich trotzdem nichts so richtig wahr. Ich vergaß dann eine Zeit lang, was ich überhaupt in der Stadt wollte. Verlor mich im einen Laden, dann im anderen. Nichts gefiel mir, ich fühlte mich von allen Menschen und von mir selbst entfremdet. Richtig klebrig war ich innerlich. Ich hatte auch keinerlei Zugehörigkeitsgefühl. Fühlte mich wie in Watte. In einem Vakuum. Auch meine Bewegungen und Gedanken waren verlangsamt. Ich ging dann einen Kaffee trinken. Davon wird es oft besser. Und das half auch diesmal. Eine Stunde später war ich wieder klar im Kopf und konnte *zielgerichtet* eine Hose kaufen.«

Manche Frauen kennen das Glasglockengefühl, wenn sie zu entspannt sind. »Im Urlaub, wenn ich nichts zu tun habe und mich am Strand langweile«, sagt Hanna, eine junge Mutter. »Dann lasse ich mein Kind alle Aktivitäten bestimmen und laufe wie hypnotisiert hinterher. Es fiel mir auf, als ich vom Strand hinter meinem Mann zu unserem Liegestuhl ging. Man musste rechts und links an vielen anderen Liegestühlen vorbei. Ging mein Mann am einem Stuhl links vorbei, ging ich ebenfalls links vorbei. Ging er rechts vorbei, dann auch ich. Wie aufgezogen spulte ich mein Programm ab. Das war nicht mehr ich selbst. Sogar auf den Treppen bemerkte ich, wie ich mich immer am Geländer festhielt und langsam ging. Brauchte ich so viel Führung?«

In einem solchen Zustand liegt man vor dem Fernseher bis Sendeschluß, obwohl man müde ist und eigentlich ins Bett möchte. Man isst seinen Teller leer, obwohl man längst satt ist. Sich *losreißen* fällt schwer. Es hat sich eine Art Kokon um einen gesponnen. Dabei kann man in die Gegend starren, ohne etwas zu sehen und zu hören. So, als stünde alles auf Stillstand.

Bei unserem Kaninchen habe ich Ähnliches beobachtet. Früher, als ich es manchmal noch ein paar Stunden in den Käfig sperrte, saß es völlig apathisch da. Es hatte die Augen halb geschlossen, die Ohren hingen nach hinten und es bewegte sich nicht, auch nicht, als die Käfigtüre geöffnet wurde. Erst wenn man dem Tier gut zuredete und es streichelte, stellte sich ein Ohr auf, dann das zweite. Dann gingen die Augen langsam auf und es fing an zu mümmeln. Allmählich erwachte das Tier wieder zum Leben. So ähnlich stelle ich mir das Glasglockengefühl vor, das ich in schwachen Ansätzen auch bei mir selbst kenne. Wird es vom zu niedrigen Endorphinspiegel oder vom niedrigen Blutdruck hervorgerufen? Ist es psychischen oder auch körperlichen Ursprungs? Wenn Kaffee dagegen hilft, dann könnte durchaus eine körperliche Komponente mitschwingen. Wann ist denn bestimmt *kein* Glasglockengefühl da?

»Wenn ich bei einer Wanderung auf einen Berg geklettert bin«, sagte einmal eine Frau. Immer, wenn man sich sehr lebendig fühlt, ist kein nebliges Glasglockengefühl da.

Auch ein hoher Adrenalinspiegel hilft. Wenn Sie bei 120 km/h auf der Autobahn einen Lastwagen überholen, der just in diesem Moment ausschert, dann ist das Glasglockengefühl vergessen.

Was fast immer hilft, ist *Bewegung*.

Körperliche Bewegung fordert und fördert Gelenkigkeit, Muskeln und schnelles Reaktionsvermögen. Körperliche Bewegung baut Stresshormone ab und lässt den Körper Endorphine ausschütten. Diese Glückshormone verbessern das Denken. Sie machen optimistisch und im angenehmen Sinne »high«. Die innere Beweglichkeit wird gefördert: die Phantasie, und damit die Kreativität. »In der Phantasie werden wir umso beweglicher, je mehr und je vielfältigere Sinneserfahrungen wir seit frühester Jugend aufgrund unseres Sinnenhungers gemacht haben. Es sind viele lebendige innere Bilder, die dann entstehen können. Diese ermöglichen uns Beweglichkeit und Freiheit, auch wenn die äußere Beweglichkeit … eingeschränkt sein sollte«, schreibt der Psychiater und Suchtspezialist Eckhard Schiffer.[44] Sinneserfahrungen machen wieder lebendig. Sinneserfahrungen machen wir beim Selbermachen im Gegensatz zum Konsumieren. Wenn wir selbst musizieren, einen Garten bearbeiten, kochen, Theater spielen, gute Gespräche führen, mit Kindern spielen, malen, nähen, sticken, stricken, basteln, heimwerken, dann entspannen wir nicht nur total und bekommen auch wieder ein Gefühl für unsere Fähigkeiten, sondern wir spüren uns auch in einer anderen Art und Weise als beim fremdbestimmten Tun. Wir sind weicher, flexibler, wacher, aktiver, pfiffiger.

Bewegung kann den Nebel vertreiben und den Kokon zerreißen. Ein regelmäßiges Bewegungsprogramm (Joggen, Aerobic, Tennis, Federball, Schwimmen, Tischtennis u. ä.) hilft Ihnen dabei. Und wenn Sie sich kraftvoll und energiegeladen fühlen, dann sind Sie souveräner und zwangsläufig weniger »nett«.

»Un-verschämt-heiten«

Sieht man sich das Wort »Un-verschämt-heit« genauer an, dann ist es etwas Positives. Nicht Verschämtheit, sondern Offenheit drückt es aus. Im Sprachgebrauch wird es aber im Sinne von Dreistigkeit benutzt.

Beim Souveränwerden geht es darum, un-verschämt zu werden, nicht dreist.

Das geht wieder – wie könnte es auch anders sein – in kleinen alltäglichen Schritten.

Übungsfeld Supermarkt. Jasmin steht mit ihrem Einkaufswagen in der Schlange an der Kasse. Plötzlich fällt ihr ein, dass sie noch Zahnpaste braucht. Sie lässt ihren Wagen stehen und geht zum Körperpflegeregal. Das dauert nur wenige Minuten. Als Jasmin zurückkommt, ist ihr Wagen aus der Bahn geschoben worden. Zwei junge Männer, die in der Schlange hinter ihr waren, grinsen unverschämt (dreist). Jasmin schimpft und fordert ihre alte Lücke in der Schlange zurück. Die Männer rücken dicht auf und weigern sich, Jasmin auf den alten Platz zu lassen. Irgendwann gibt Jasmin auf und stellt sich wieder hinten an. »Ich habe mich gut gefühlt, auch wenn es ›nutzlos‹ war. Dass ich mich lautstark gewehrt habe, ist ein großer Fortschritt. Früher hätte ich meinen Groll geschluckt und dann zu Hause an Unschuldigen ausgelassen«, sagt Jasmin zufrieden.

Tanja, Größe 36 und 1,60 m groß, möchte in einer Boutique einen zu ihrer lindgrünen Hose passenden Pulli kaufen. Es gibt zwar viele Pullis, die zu der Hose passen, aber keinen, der zu Tanjas zierlicher Figur passt. Die Verkäuferin versucht ihr Riesenpullis aufzuschwatzen. Tanja wehrt schwach ab mit dem Argument, dass die langen und voluminösen Pullis bei ihr aussehen, als hätte sie sie von ihrer Mutter ausgeliehen.

Die Verkäuferin gibt nicht auf. Als sie dann mit dem fünften »toll zur Hose passenden Pulli« erscheint und außerdem noch betont, wie gut er »kaschiere«, platzt Tanja der Kragen.

»Bei mir muss der Pulli nichts kaschieren.« Dabei blickt sie die Verkäuferin demonstrativ von oben bis unten an, »ich habe Ihnen bereits dreimal gesagt, dass ich einen Kurzpulli möchte! Wenn Sie keinen haben, dann sagen Sie es doch gleich.« Die Verkäuferin errötet und lässt Tanja sofort in Ruhe.

Tanjas Kommentar: »Die Wut in mir stieg mit jedem Pulli, den sie brachte. Ich bin einfach geplatzt. Aber ein bisschen Boshaftigkeit tat in der Situation auch gut.«

Gabi, stolze Hausbesitzerin, hat ihre Gartenmauer mit Efeu bewachsen lassen. Die Nachbarin deutet eines Tages an, dass es vor ihrer Garage so naß sei, weil an der Gartenmauer so viel Efeu wachse. Gabi meint: »Ja, das ist halt so.«

Gabi: »Früher hätte ich sofort eine Schere geholt und den Efeu abgeschnitten. Jetzt probierte ich einfach mal aus, den Unmut der Nachbarin auszuhalten. Und ich fühlte mich stärker hinterher.«

So werden Sie »un-verschämt«:

Die Voraussetzung dafür ist, dass man den Unmut seiner Umwelt aushalten kann, dass man jemanden ent-täuschen kann und dass man sich seinen Ärger eingesteht.

Je mehr und öfter Sie üben, desto besser gelingt es Ihnen, »un-verschämt« zu sein. Wenn Sie es möchten.

Raus aus dem Schmuddelleben

Aristea ist 32 Jahre alt, Krankenschwester, Kind griechischer Einwanderer. Aristeas Eltern waren sehr arm, als sie in den Sechzigerjahren nach Deutschland kamen. Sie sparten und schickten jeden Pfennig, den sie nicht zum Leben in Deutschland brauchten, in ihre griechische Heimat. Teils unterstützten sie arme Verwandte, teils sparten sie für ein eigenes Haus.

Inzwischen sind die Verwandten durch den Tourismus selbst zu bescheidenem Wohlstand gekommen und längst steht das eigene Haus.

In ihren Köpfen sind Aristeas Eltern aber immer noch arm. Aristea ist in Deutschland aufgewachsen und orientiert sich an Gleichaltrigen und Kolleginnen. Sie wohnt alleine und ist gerade in eine neue Wohnung gezogen, die sie geschmackvoll eingerichtet hat. Nur der verschmutzte Teppichboden passt nicht so recht ins Bild. Die Eltern meinen, der Teppichboden sei noch schön genug, Aristea möchte den Boden erneuern.

Bei diesem Vorschlag rasten die Eltern aus. »Du kannst doch

nicht einfach diesen Teppichboden hinauswerfen, der ist doch tadellos«, lamentiert die Mutter. Aristea ist tagelang innerlich zerrissen. Da sieht sie in einem Dekorationsgeschäft einen hübschen Teppichbodenrest zum Sonderpreis. Aber der Boden ist immer noch sündhaft teuer. Oder wäre er nur für Aristeas Eltern sündhaft teuer? Aristea ist verwirrt. Sie beschließt, über die ganze Sache nochmals zu schlafen. Sie misst das Zimmer aus und checkt ihr Bankkonto. Nichts spricht gegen den Boden. Da beschließt Aristea, den Boden zu kaufen, mit schlechtem Gewissen, aber in dem Bewusstsein, dass sie selbst ihre eigenen Entscheidungen treffen und verantworten muss. Aristea: »Wenn ich immer nur mache, was mir meine Eltern erlauben, dann führe ich irgendwann ein Leben, das nicht mehr meines ist. Warum soll ich mein Geld nicht so einsetzen, wie es mir am meisten Spaß macht? Ich habe weder arme Verwandte zu versorgen noch ein Haus, auf das ich sparen müsste. Nur meine verflixten Schuldgefühle stehen mir noch oft im Weg.«

Als Aristeas Eltern den Teppichboden sehen, sind sie zunächst sehr reserviert. Aristea sagte ihnen nicht den realen Preis, sondern mogelte ihn nach unten. Als die Eltern hören, wie »billig« der Teppichboden gewesen sei, meinten sie auch, er sei sein Geld wert gewesen. Und dann gefällt er den Eltern auch. Aristea: »Meinen Eltern hätte ich den richtigen Preis nicht sagen mögen. Er geht sie auch nichts an. Es ist meine Sache, wie viel mir der Teppichboden wert ist. Es war für mich richtig, ihn zu kaufen.«

Unterschiedliche Probleme erfordern unterschiedliche Lösungen zu unterschiedlichen Zeiten. Aristeas Eltern hatten bittere Armut kennengelernt und gelernt: Man wirft nichts weg. Alles hat Geld gekostet. Irgendeiner aus der Verwandtschaft kann es gebrauchen.

Aristea muss für sich selbst und ihr Leben neue Regeln finden, mit denen sie leben kann. Das gehört zum Souveränwerden dazu. Sollte es Aristea einmal finanziell schlechter gehen, dann kann sie den Gürtel immer noch enger schnallen.

Sie haben vielleicht auch schon die Erfahrung gemacht, dass man sich sehr gut fühlt, wenn man den Keller entrümpelt, den Kleiderschrank ausgemistet und den Kühlschrank abgetaut hat. Ausmisten, Dinge auf den neuesten Stand bringen hat immer mit Ballastabwerfen zu tun. Wenn wir äußerlich Ballast abwerfen, werfen wir auch psychischen Ballast ab. Wir werden »leichter«, unbeschwerter, haben den Kopf frei für Neues. Menschen, die im »Schmuddelleben« verharren, werfen nichts weg (man könnte es ja in zehn Jahren nochmals benötigen), versuchen die Dinge immer »richtig« zu machen (so wie sie schon der Großvater gemacht hat) und möchten nichts riskieren (aber: Wer nichts wagt, der nichts gewinnt). Viele zu nette Frauen leben ein Schmuddelleben. Und sie sind entsprechend unzufrieden.

Ein alter Spruch heißt: »Wenn du etwas erreichen willst, dann musst du auch tun, was dafür nötig ist.« Wenn Sie Platz für Neues brauchen, dann müssen Sie Altes aussortieren. Ich denke dabei immer an einen Bandwurm. Vorne wachsen neue Glieder, hinten werden alte abgestoßen.

Ein Kennzeichen von *Leben* ist *Bewegung*, *Anpassung* an sich verändernde Umstände. Das starre Verharren auf überholten Grundsätzen macht unzufrieden und alt.

Nun, werden Sie sagen, weiter vorne im Buch haben Sie das Angepasstsein zu netter Frauen doch beklagt. Und jetzt ist es plötzlich lebensnotwendig. Wie das? Ganz einfach. Angepasst zu sein an Grundsätze aus der Kindheit, die heute überholt sind, ist schädlich. Wenn ich den Grundsatz »Man soll seinen Teller immer leer essen« mit 30 noch befolge, wird er absurd.

Die lebenstüchtige Anpassung passt sich ans *Heute* an, nicht ans *Gestern*. Deshalb müssen Sie *Ihr eigenes Heute* erst einmal klar erkennen. Dann Überflüssiges ausmisten, damit Neues Platz hat. Sie wissen ja, wer etwas loslässt, hat die Hände frei. Aber er muss zunächst einmal aushalten, mit leeren Händen dazustehen.

Feigheit oder emotionale Intelligenz?

Nun haben wir gesehen, dass das Zu-nett-Sein viele Einschränkungen und Nachteile mit sich bringt. Im Extremfall ist es so behindernd, dass wir nicht mehr unser eigenes Leben leben, sondern fremdgesteuert sind. Wenn wir uns ohnmächtig und hilflos erleben, als Spielball der Gefühle anderer, und wenn wir es allen (außer uns) recht machen wollen, dann werden wir innerlich immer kleiner und unsicherer. Dies wird am deutlichsten sichtbar bei Frauen, die von ihren Männern geschlagen und misshandelt werden. Viele von ihnen sind immer wieder bereit, ihren Männern zu verzeihen und zu ihnen zurückzugehen, wenn sie es schon einmal geschafft haben, sie zu verlassen. Warum?

Weil Misshandlungsopfer genau wie Folteropfer in einen sogenannten »regressiven Sog« geraten.

Dabei handelt es sich um einen psychischen Überlebensmechanismus, der in Extremsituationen »einrastet«. Die Frau identifiziert sich dann mit dem Täter und kollaboriert mit ihm. Sie sieht sich nicht mehr als hilfloses Opfer, sondern als Schuldige. Sie sagt sich dann, wenn sie sich richtig verhalten und nicht so provoziert hätte, dann hätte er sie nicht misshandelt.

Dann versucht sie durch Wohlverhalten und Beschwichtigungsverhalten den Täter milde zu stimmen. Dieses Verhalten wurde auch als »Stockholm-Syndrom« bekannt. Als vor etlichen Jahren Terroristen in der deutschen Botschaft in Stockholm Geiseln nahmen, verbündeten sich einige Geiseln mit den Terroristen.

Auch bei anderen Geiselnahmen und Entführungen sieht man diesen Effekt häufiger: Geiseln und Geiselnehmer beginnen eine Beziehung aufzunehmen, die in gegenseitiger Sympathie und zum Teil auch in einer Liebesbeziehung »endet«. Von der Seite des Opfers ist dies ein Selbstschutzmechanismus und darf nicht mit einer Beziehung aus freien Stücken verwechselt werden. Diese Beziehung kann lebensrettend sein. »Mut« in einer derart gefährlichen Situation kann das Leben kosten.

Ein Beispiel für »Mut« in der falschen Situation sind die »Karrierefrauenmorde«, die 1963 in New York verübt wurden.

Ein Krimineller wurde aus dem Gefängnis entlassen und wollte nun noch ein letztes Mal einbrechen, um genug Geld für den Start ins bürgerliche Leben zu haben. Die Wohnung, in die er einbrach, gehörte einer Journalistin und einer Lehrerin. Der Einbrecher nahm an, es sei keiner zu Hause. Die Journalistin war aber doch da. Der Einbrecher fesselte sie, um seine Flucht zu sichern. Da kam auch die andere Mitbewohnerin nach Hause und der Einbrecher bedrohte auch sie und fing an sie zu fesseln. Nun schleuderte ihm die Journalistin entgegen, dass er nicht ungestraft davonkommen werde, dass sie sich sein Gesicht merke und der Polizei helfen werde, ihn aufzuspüren. Da sah der Einbrecher in seiner Panik rot und schlug die beiden Frauen mit einer Sprudelflasche bewusstlos. Dann erstach er sie.[45]

Die beiden Frauen waren nicht feige, aber auch nicht besonders sozial intelligent. Und jetzt leider tot. Hier lagen Feigheit und Diplomatie und Mut und soziale Dummheit ganz dicht beieinander. »Nettsein« im Sinne von Wohlverhalten und Beschwichtigungsverhalten kann im Leben angemessen sein in Situationen, in denen wir objektiv *keine Macht* haben. Es ist dann eine sinnvolle Anpassungsmaßnahme. Eine vorübergehende, wohlgemerkt.

Bei Kindern, die misshandelnde Eltern haben, wird das Wohlverhalten zu einer Lebenshaltung, wie wir gesehen haben.

Die Psychotherapeutin Geneen Roth, die selbst ein vernachlässigtes und misshandeltes Kind war, beschrieb diese Gefühle aus der Sicht des Kindes: »Ich sagte mir: Es ist sinnlos, zuzulassen, dass ich mich traurig, wütend oder einsam fühle, wenn ich nichts dagegen tun kann. Ich beschloss, mir nur diejenigen Gefühle zu gestatten, an denen ich etwas ändern konnte ... Ich hatte keine andere Wahl, als in diesem Haus zu bleiben und irgendwie zu überleben. Das Problem ist nicht, dass ich als Kind so gute Schutzmechanismen hatte. Das Problem ist, mich als Erwachsene ihrer nicht mehr zu bedienen«.[46]

Überlegen Sie einmal, wie Ihr Leben aussehen könnte, wenn Sie nicht mehr zu nett, zu nachgiebig, zu unsicher oder ohnmächtig wären. Wenn Sie sprühend vor Energie und Souveränität Ihre Probleme anpackten?

Diese Frau steckt tatsächlich in Ihnen. Befreien Sie sie aus ihrem Kokon. Ganz langsam und jeden Tag ein Stückchen mehr. Sehen Sie Probleme als Lektionen an, an denen Sie wachsen werden und psychische Muskeln entwickeln. Lernen Sie, sich zu entspannen, um Ihre Bedürfnisse, Wünsche und Impulse wahrzunehmen.

Fangen Sie damit an. Heute noch.

Anmerkungen

1 Zitat nach Brüder Grimm: Grimms Märchen, Dressler Verlag, Hamburg 1988

Teil I

2 Baker Miller, Jean, zitiert nach Kasl, Charlotte Davis: Women, sex and addiction, Cedar Press, London 1989, S. 290 (Übers. d. Autorin)
3 Goleman, Daniel: Emotionale Intelligenz, Hanser, München 1996, S. 128
4 Schultz-Hencke, Harald: Der gehemmte Mensch, Thieme Verlag, Stuttgart 1982, S. 22
5 ebenda, S. 24
6 ebenda, S. 27
7 Rensen, Ben: Fürs Leben geschädigt, Trias Verlag, Heidelberg 1992, S. 92
8 Lämmle, Brigitte: Familienbande – ein Bund fürs Leben, Mosaik Verlag, München 1995, S. 83
9 Seligman, Martin: Erlernte Hilflosigkeit, Beltz Verlag, Weinheim 1995, S. 23
10 ebenda, S. 148
11 Grabrucker, Marianne: »Typisch Mädchen«. Prägung in den ersten drei Lebensjahren, Fischer Verlag 1985, S. 104
12 Kasl Davis, Charlotte: Women, sex and addiction – A Search for Love and Power, Cedar Press, London 1989 (Übers. d. Verf.), S. 37
13 ebenda, S. 40
14 Goleman: Emotionale Intelligenz, S. 273
15 ebenda, S. 274
16 Eysenck in Göckel, Renate: »Gibt es Unterschiede zwischen Intro- und Extrovertierten in den EXIT-Kriterien positiver Problemlöseprozesse?« Unveröffentl. Dipl.-Arbeit, 1981, S. 39
17 Mulack, Christa: Und wieder fühle ich mich schuldig, Kreuz Verlag, Stuttgart 1994, S. 26

Teil II

18 Ehrhardt, Ute: Gute Mädchen kommen in den Himmel, böse überall hin. Krüger, Frankfurt 1994, S. 115
19 Kasl, Charlotte: a. a. O. (Übers. d. Verf.), S. 40
20 Estés, Clarissa Pinkola: Die Wolfsfrau, Heyne, München 1993, S.100

21 Estés, Clarissa Pinkola: a. a. O., S. 389
22 Burisch, Matthias: Das Burn-out-Syndrom – Theorie der inneren Erschöpfung, Springer, Heidelberg 1989, S. 11
23 Wolf, Doris: Wenn Schuldgefühle zur Qual werden, PAL, Mannheim 1996, S. 36
24 Estés, Clarissa Pinkola: a. a. O., S. 101
25 Tannen, Deborah: Du kannst mich einfach nicht verstehen, Kabel, Hamburg 1991, S. 267
26 Wardetzki, Bärbel: Weiblicher Narzissmus, Kösel, München 1991, S. 113 (Hervorhebung durch die Autorin)
27 ebenda, S. 90
28 ebenda, S. 84
29 Miller, Alice: Du sollst nicht merken, Suhrkamp, Frankfurt 1979, S. 160

Teil III

30 Kast, Verena: Vater-Töchter Mutter-Söhne, Kreuz Verlag, Zürich 1994, S. 24
31 Rosemarie Welter-Enderlin in: Oelker, Petra: Neue Mütter – neue Töchter, München 1994, S. 122
32 vgl. Estés, Clarissa Pinkola: a. a. O., S. 95
33 Lämmle, Brigitte: a. a. O., S. 123
34 Kast, Verena: a. a. O., S. 261
35 ebenda, S. 260
36 Roth, Geneen: Sehnsüchtiger Hunger, Kösel, München 1992, S. 103
37 Kassorla, Irene: Tun Sie's doch, Hestia Verlag, Bayreuth 1985, S. 399
38 Estés, Clarissa Pinkola: a. a. O., S. 205
39 Roth, Geneen: a. a. O., S. 175
40 Lämmle, Brigitte: a. a. O., 1995, S. 129
41 Lindgren, Astrid: Pippi im Taka-Tuka-Land. Oetinger Verlag, Hamburg 1986, S. 20
42 Goleman, Daniel: a. a. O., S. 117
43 Seligman, Martin: Pessimisten küsst man nicht – Optimismus kann man lernen, Knaur, München 1993, S. 208
44 Schiffer, Eckhard: Warum Huckleberry Finn nicht süchtig wurde. Beltz Verlag, Weinheim 1993, S. 103
45 Goleman Daniel: a. a. O., S. 31
46 Roth, Geneen: a. a. O., S. 130-131

Literatur

Burisch, Matthias: Das Burnout-Syndrom, Springer, Berlin 1989

Dröscher, Vitus: Spielregeln der Macht im Tierreich, Goldmann Verlag, München 1989

Ehrhardt, Ute: Gute Mädchen kommen in den Himmel, böse überallhin, Krüger, Frankfurt/M. 1994

Estés Pinkola, Clarissa: Die Wolfsfrau, Heyne, München 1993

Goleman, David: Emotionale Intelligenz, Hanser, München 1996

Grabrucker, Marianne: Typisch Mädchen – Prägung in den ersten drei Lebensjahren, Fischer, Frankfurt 1985

Kasl Davis, Charlotte: Women, Sex and Addiction – A Search for Love and Power, Cedar Press, London 1989

Kassorla, Irene: Tun Sie's doch, Hestia, Bayreuth 1985

Kast, Verena: Vater-Töchter, Mutter-Söhne, Kreuz Verlag, Zürich 1994

Lämmle, Brigitte: Familienbande – ein Bund fürs Leben; Mosaik, München 1995

Lindgren, Astrid: Pippi im Taka-Tuka-Land, Oetinger, Hamburg 1986

Marone, Nicky: Erlernte Hilflosigkeit überwinden, Fischer, Frankfurt 1994

Miller, Alice: Du sollst nicht merken, Suhrkamp, Frankfurt 1979

Mulack, Christa: Und wieder fühle ich mich schuldig, Kreuz Verlag, Zürich 1996

Oelker, Petra: Neue Mütter, neue Töchter, Mosaik, München 1994

Rehling, Inge: Schäm dich, Ullstein Verlag, Berlin 1994

Rensen, Ben: Fürs Leben geschädigt – Sexueller Missbrauch und seelische Verwahrlosung von Kindern, Trias Verlag, Stuttgart 1992

Roth, Geneen: Sehnsüchtiger Hunger, Kösel, München 1992

Schultz-Hencke, Harald: Der gehemmte Mensch, Thieme, Stuttgart 1982

Schiffer, Eckhard: Warum Huckleberry Finn nicht süchtig wurde, Beltz Verlag, Weinheim 1993

Seligman, Martin: Erlernte Hilflosigkeit, Beltz Verlag, Weinheim 1995

Seligman, Martin: Pessimisten küsst man nicht – Optimismus kann man lernen, Knaur, München 1993

Steinem, Gloria: Revolution from within, New York 1992

Tannen, Deborah: Du kannst mich einfach nicht verstehen, Kabel, Hamburg 1991

Wardetzki, Bärbel: Weiblicher Narzissmus – der Hunger nach Anerkennung, Kösel, München 1991

Weber-Kellermann, Ingeborg: Frauenleben im 19. Jahrhundert, Büchergilde Gutenberg, Frankfurt 1983

Wlodarek, Eva: Mich übersieht keiner mehr, Krüger, Frankfurt 1983

Wolf, Doris: Wenn Schuldgefühle zur Qual werden, PAL, Mannheim 1996

Zentner, Marcel: Die Wiederentdeckung des Temperaments, Junfermann Verlag, Paderborn 1993

ZEITSCHRIFTEN: Stern Sonderausgabe: Das waren noch Zeiten, 10. 9. 1996
Brigitte Heft 4/97
Cosmspolitan 11/96

Die Gedanken, Methoden und Anregungen in diesem Buch stellen die Meinung beziehungsweise Erfahrung der Verfasserin dar. Sie wurden von der Autorin nach bestem Wissen erstellt und mit größtmöglicher Sorgfalt überprüft. Sie bieten keinesfalls Ersatz für kompetenten medizinischen oder psychologischen Rat. Daher erfolgen Angaben in diesem Buch ohne jegliche Gewährleistung oder Garantie des Verlags oder der Autorin. Eine Haftung des Verlags oder der Autorin für etwaige Personen-, Sach- und Vermögensschäden ist ausgeschlossen, es sei denn im Falle grober Fahrlässigkeit.

Die Deutsche Bibliothek – CIP-Einheitsaufnahme

Göckel, Renate:
Brave Mädchen holt der Wolf : Schluss mit der weiblichen Selbstverleugnung / Renate Göckel. - Zürich : Kreuz, 1998
ISBN 3-268-00216-1

1 2 3 4 5 02 01 00 99 98

P. O. B. 621, CH-8034 Zürich
Umschlaggestaltung: Atelier Reichert, Stuttgart
Umschlagabbildung: C. Dubois/Premium
Satz: Buch-Werkstatt GmbH, Bad Aibling
Druck und Bindung: J. Ebner, Ulm
ISBN 3-268-00216-1